クロスロード・ネクスト

続：ゲームで学ぶリスク・コミュニケーション

吉川肇子・矢守克也・杉浦淳吉【著】

ナカニシヤ出版

まえがき

　2004年7月にクロスロードを公表して以降，この5年間，本当に勉強をさせていただいた。これが，「防災ゲーム：クロスロード」を制作した私たちの実感である。また，多くの人に支えられた。このことも，率直に言えば，当初は予期していなかった。ゲームを制作して公表すれば，ファシリテータ用のマニュアルもつけているのだから，制作者としての作業はほぼ「終わった」と考えていた。しかし，それは，ゲーミング（クロスロード）という手法に対して私たち自身が抱いていた誤解や短慮に由来するものであった。つまり，実際には，「終わった」わけではなかった。

　クロスロードを手にしてくれた方々は，私たちが当初準備した「神戸編」に加えて，主として，一般住民の防災実践を支援するための「市民編」を作成することを促してくれた。私たちもそれに応えた。ここまでは，よくある展開かもしれない。しかし，クロスロードは，その後も新たな活動を生み出し続けた。クロスロードを愛好してくださる方々は，クロスロードの強力なサポータとなってくれた。その上で，まず，自らが直面するさまざまな課題を題材に，独自の新作問題を作成してくれた。この作業には，原則として，私たち自身も共同参加した。その結果誕生したのが，「要援護者編」，「感染症編」，「食品安全編」などであった。

　次に，ゲームをファシリテートする手法も，続々と改良が加えられた。この際，クロスロードと他の技法をミックスして活用する手続きも工夫もされた。さらに，ゲームを単体として実施するための技法だけでなく，自治体や地域に「制度」として定着させるための仕組みも，サポータのおかげで誕生した。ファシリテータの養成講座やクロスロードの手法に精通したことを示す認定制度などである。このように，ゲーミングは，ゲームが完成して「終わった」のではなかった。それは，むしろ「始まり」であった。

　以上のように，クロスロードが発展，進化してきたのは，ひとえに，それを

支えてくださるサポータの方々の支えがあったためである。同時に，サポータの方々は，私たちの仕事ぶりを叱咤激励してくださった。私たちの仕事は，サポータの方々から見れば，歯がゆいほどゆっくりであったと思うが，この温かい叱咤激励があったからこそ生まれた成果もある。上記のように，「市民編」の制作は，その最初の一歩であった。「要援護者編」，「感染症編」，「食品安全編」なども，サポータの方々との共同成果物である。

さらに，私たちは，サポータ相互の情報交換の場として，「ウェブ・クロスロード」(*)を立ち上げた。ウェブ上には，サポータの方々からの実践レポートや新作問題の投稿記事を主体にした「クロスロード新聞」（2ヶ月に1回程度発行，現時点（2008年12月）で20号まで刊行済）や，ゲーム実施に不可欠なパワーポイント資料の共有システム（サポータ登録者限定）などを置いた。さまざまな地域でクロスロードを中心とした実践に携わる方々が一同に会した「サポータの集い」も開催することができた。さらに，「クロスロード質問紙版」の作成により，クロスロードに含まれる各問題の回答傾向についてもデータを蓄積することができた。これらの成果物も，多かれ少なかれ，サポータの方々からの促しと励ましによって実現したものである。

本書で紹介しているのは，クロスロードだけではない。クロスロードを公表したときに，ゲームという道具を現実問題の解決のために使いたいという野心はあったが，果たして，それが実現するかどうか，本当のところは自信がなかった。しかし，クロスロードに続いて，「ぼうさいダック」，「大ナマジンすごろく」など，公表したゲームツールが，クロスロードとともに大きな反響を得たことで，この方向性で大丈夫だと一定の自信をもつことができるまでにはなった。これらクロスロード以外のゲームによる成果も，一部本書の中で紹介している。

さて，ここで，本書の構成について，さまざまな読者を念頭において簡単に紹介しておこう。

クロスロードについてまったく知識がなく，前著『防災ゲームで学ぶリスクコミュニケーション：クロスロードへの招待』も未読の読者には，まず，第1部の第1章「クロスロードとは」をご一読いただき，その上で他所へと読み進めることをお勧めしたい。前著を通じて，クロスロードのこれまで（特に，「神

戸編」の内容）について，ある程度知識をおもちの読者は，第2部から読み進められるといいだろう。第2部の各章は，前著で誕生したクロスロードが，その後，現場でどのように活用されたかについて具体的に報告しているからである。また，クロスロードのオリジナル・バージョンである「神戸編」以外の各種バージョンの内容を詳しく知りたいという読者は，第4部の各章を参照してほしい。

　他方，クロスロードがもつポテンシャルについて，理論的に整理して考えたいという読者は，第1部の第2章と第3章を一読してほしい。これら2つの章は，クロスロード（神戸編）の完成は，なぜ，ゲーミングの「終わり」ではなく「始まり」であったのか，という疑問に関する私たちなりの回答でもある。最後に，クロスロード以外のゲームについての情報を求める読者は，第3部を中心に読まれるとよいだろう。第3部では，私たち自身が制作した「ぼうさいダック」や「大ナマジンすごろく」を中心にいくつかのゲームを紹介し，あわせて，防災教育におけるゲームの活用の意義と課題について詳しく論じている。

　クロスロードも，またゲームという手法も，進化中であると認識している。すでにクロスロードは，私たち制作者の持ち分を超えて発展している。他のゲームについても，そうなっていくであろうという予感がある。私たちがさらにできることがあるとするなら，この展開のお手伝いである。もはや，当初の制作者とユーザーという垣根はない。私たちもサポータも一体となって，防災，感染症，食品安全など，さまざまな領域における問題解決に共同でとりくむ――これが，今までの普及啓発ツールと決定的に異なる，ゲーミングという手法の独自性だと私たちは考えている。

著者一同

＊ウェブ・クロスロード　http://maechan.net/crossroad/shinbun.html

※「クロスロード」,および,「CROSSROAD」は,登録商標である。「クロスロード」：商標登録番号 第4916923号「CROSSROAD」：商標登録番号 第4916924号

「クロスロード」の入手先

「クロスロード」(神戸編・一般編,市民編,災害ボランティア編)は,下記より実費頒布しております。カード本体のほか,別冊の解説書には,本書には掲載されていない実習用のシート,参加者アンケートなども収録されています。

〒606-8317　京都市左京区吉田泉殿町　京大西部会館
京都大学生協ブックセンタールネ
電話：(075) 771-7336　FAX：(075) 751-8045

目　次

まえがき　*i*

第1部　クロスロードのポテンシャル　*1*

第1章　クロスロードとは　*2*
1　「クロスロード：神戸編」の概要　*2*
2　新しいコンテンツの開発　*7*
3　いろいろな実践事例　*8*

第2章　クロスロード5年　*13*
1　制作者として学ぶ　*13*
2　問題の構造を学ぶ　*15*
3　問題を作るという作業　*19*
4　多様なリスクに展開する　*25*

第3章　「終わらない対話」とクロスロード　*28*
1　「真理へと至る対話」と「合意へと至る対話」　*29*
2　他者と災害の機能的等価性　*31*
3　リスクがないリスクの解消へ向けて　*34*
4　「終わらない対話」とは何か　*38*
5　3つの対話の関係　*39*
6　重層的な対話メディアの重要性　*41*

第2部　現場に生かすクロスロード　*45*

第1章　ゲームという場を超えて　*46*
1　マルチメディアに展開するということ　*46*
2　ファシリテータの養成　*47*
3　クロスロード新聞　*51*
4　ファシリテータの集い　*51*

5　時間を超えてつなぐ　*54*

第2章　他の手法との併用 —————————— *57*
　　1　防災ワークショップの一環として—岸和田市の事例　*57*
　　2　DIG（図上演習）との併用—高知市の事例　*64*

第3章　クロスロード質問紙版 ————————— *67*
　　1　「クロスロード質問紙版」とは　*67*
　　2　質問紙の構成と調査概要　*68*
　　3　主要項目の分析結果　*71*
　　4　複数の項目間の関係性分析　*73*

第4章　教育技法としてのクロスロード ————— *77*
　　1　議論の可視化ツールとしての集団クロスノート　*77*
　　2　集団クロスノート実施例　*80*
　　3　オリジナルジレンマによる問題の共有化　*84*
　　4　教育・研究技法としての新ルールの提案　*88*
　　5　さらなる展開に向けて　*91*

第3部　防災教育におけるゲームの活用　*95*

第1章　ゲームで何を学ぶのか ————————— *96*
　　1　ゲームで何を学ぶのか　*96*
　　2　どのように学ぶのか　*100*
　　3　教わる人から教える人へ　*102*

第2章　生活とつなげる：防災すごろく ————— *106*
　　1　「すごろく」というフレーム　*106*
　　2　「大ナマジン防災すごろく」　*107*
　　3　「災害そなえ隊」　*111*
　　4　「ぼうさい駅伝」　*113*
　　5　教えすぎないこと　*115*

第3章　動いて学ぶ：ぼうさいダック ————— *118*
　　1　子どもにどう防災を学ばせるのか　*118*

2 「ぼうさいダック」開発のねらい　*120*
3 「ぼうさいダック」の概要　*123*
4 実施事例　*126*
5 進化する教材　*128*

第4部　クロスロードの新展開　*131*

第1章　市民編 ―*132*
1 市民編作成の経緯　*132*
2 市民編の内容　*133*
3 内容の解説　*134*
4 市民編の活用　*139*

第2章　要援護者編 ―*142*
1 要援護者編作成の経緯　*142*
2 要援護者編の内容　*143*
3 内容の解説　*145*

第3章　感染症編 ―*150*
1 感染症編作成の経緯　*150*
2 感染症編の内容　*152*
3 内容の解説　*152*
4 感染症編の活用　*157*

第4章　食品安全編 ―*161*
1 食品安全編作成の経緯　*161*
2 食品安全編の内容　*162*
3 内容の解説　*165*
4 食品安全編の活用　*168*

第5章　さまざまな展開 ―*171*
1 学校安全編　*171*
2 東海地震編　*171*
3 職務特殊編　*176*
4 展　　望　*178*

第5部 展望

展望：われわれはゲームで何をしているのか ―― 182
1 問いを放つ　*182*
2 どうやって「問いを放つ」のか　*183*
3 問題を作ればよいのか？　*184*
4 まず「神戸編」　*185*
5 クロスロードに聴いてみる　*186*
6 ゲーミング手法の可能性　*188*
7 クロスロード，防災ゲーム，ゲーミング，そしてこれから　*190*

あとがき　*193*
資料：クロスロード実施の手引き（市民編）　*197*
索　引　*221*

第1部

クロスロードの
ポテンシャル

第1章　クロスロードとは
第2章　クロスロード5年
第3章　「終わらない対話」とクロスロード

第1章

矢守克也

クロスロードとは

　本章では，本書全体への導入を兼ねて，主として，防災ゲーム「クロスロード」[1]に馴染みのない読者を念頭に，そのアウトラインについてまとめる。

　まず，1節では，「クロスロード」のオリジナルバージョンである「クロスロード：神戸編」について，その概要を簡単に紹介する。詳細については，本書の姉妹編にあたる前著（矢守・吉川・網代，2005）を参照されたい。2節では，「神戸編」以降に開発した「クロスロード」の新しいコンテンツ（「市民編」など）について，その概要を簡単にまとめる。3節では，「クロスロード」を活用して，全国各地で実践されているさまざまな防災・減災実践について紹介する。

1　「クロスロード：神戸編」の概要

［1］神戸市インタビュー・プロジェクト

　「クロスロード：神戸編」のルーツは，阪神・淡路大震災（1995年）を神戸市職員として体験した方々を対象としたインタビュー調査である。このインタビュー調査は，神戸市危機管理室の協力のもと，「文部科学省大都市大震災軽減化特別プロジェクト」の一環として，2002年から2006年度の5年間にわたって実施された「神戸市職員ビデオインタビュー・プロジェクト」で収録したものである。すなわち，ゲームに登場するエピソード（この後述べる「意思決定ステートメント」）の一つ一つが，阪神・淡路大震災の現場における実体験（実話）に依拠している点が，「クロスロード：神戸編」の特徴の一つである。

　インタビューは，合計42回実施した。各回，消防・救急，避難所の設営・運

営，災害対策本部の開設，ご遺体への対応，食料・物資供給，応急危険度判定，被害家屋調査，給付金対応，上下水道の復旧，ボランティア受入れ，仮設住宅の建設・運営，保健・衛生対応，廃棄物処理，区役所での対応など，異なるテーマを設定し，それぞれのテーマに関する災害対応業務に被災地の最前線で従事した職員数名を対象に集団でのインタビューを実施した。

　インタビューの様子（映像・音声）はすべて，対象者全員の了解を得た上で，ディジタルビデオに収録した。42回のインタビュー（合計約130時間）で収録した対象者の語り（音声情報）は，すべてトランスクリプト化（テキスト化）した。テキスト化されたデータは，合計約430万文字（400字詰原稿用紙11000枚相当）にのぼっている。

[2] 意思決定ステートメントの作成

　集積された膨大なインタビュー記録（トランスクリプト）の中に，筆者らは，一つの共通する構造（語り口）を見いだした。それが，トレードオフ関係にある複数の選択肢間での選択（意思決定）という形式である。多くのインタビュー対象者が，「こちらを立てればあちらが立たず」という，非常にむずかしい意思決定に直面していた，という形式であの当時を回顧するわけである。たとえば，「仮設住宅の用地不足から学校の運動場用地を使用したいが，学校教育の早期再開を考えるとそうもいかなかった」，「すぐ役所に出勤したかったが，目の前に不安がる家族がいたので……」，「被害認定調査を急がねばならなかったが，簡易調査で済ませてしまうと後で苦情や再調査が続出という事態になりかねない……」といった語り口である。

　「クロスロード」で採用したゲーム手続き―トレードオフ関係にある2つの選択肢（イエスとノー）を提示し，その間の選択をゲームの参加者に求めること―は，この語りの形式に準じたものである。災害を実際に体験した当事者たちが，当時をふりかえり，自らの体験を意味づけるときに用いる形式を，そのまま，ゲーム中にプレーヤが体験する形式に結びつけることが，体験や教訓の蓄積と伝承にとって有効だという判断からである。なお，「クロスロード」の有効性を，語り（ナラティヴ）という観点から理論的に分析したものとしては，別稿（矢守，2006; Yamori, 2008）を参照してほしい。

表 1-1　クロスロードサンプル

	整理番号	あなたは……	基本設定	YES	NO
神戸編	1015	市役所の職員	未明の大地震で，自宅は半壊状態。幸い怪我はなかったが，家族は心細そうにしている。電車も止まって，出勤には歩いて2，3時間が見込まれる。出勤する？	出勤する	出勤しない
神戸編	1026	被災した病院の職員	あなたは，被災した病院の職員。入院患者を他病院へ移送中。ストレッチャー上の患者さんを報道カメラマンが撮ろうとする。腹に据えかねる。そのまま撮影させる？	撮影させる	撮影させない

　意思決定ステートメント作成の具体的な作業手順としては，まず，膨大なトランスクリプトデータから具体的な意思決定状況を抽出した。次に，その内容（状況と実際の意思決定），および，当事者が置かれた立場を記述した意思決定ステートメントを作成した。作成にあたっては，これらステートメントを，「クロスロード」のコンテンツとして共通運用することを念頭に，その記述方式に統一性をもたせた。すなわち，いずれのステートメントも，(a) 意思決定者の立場・役職の特定，(b) 意思決定の状況を描写する本体部分，および，(c) 2つの行動選択肢（イエスまたはノー），の3つの要素から構成した。また，いずれのステートメントも，100字前後の短いセンテンスから構成されている。表1-1は，そのサンプルである。

[3] ゲームの手続き

　「クロスロード」のゲームキットには，上述の意思決定ステートメントが1つずつ記載されたトランプ大の問題カード（図1-1参照，計20〜30枚），イエスまたはノーの決定を表明するカード（人数分），ゲームポイントを表示するカード，および，解説書が含まれている。解説書には，ゲーム手続きの説明，それぞれのステートメントを作成するもととなった当事者の語り（抜粋），ステートメントと関連する統計データ等の資料，さらに，イエスとノーそれぞれの決定の理由・根拠（または，それぞれの決定が抱える問題点）を，参加者自身のもの，他の参加者のものを含めて整理して書きとめるためのノート（「クロスノー

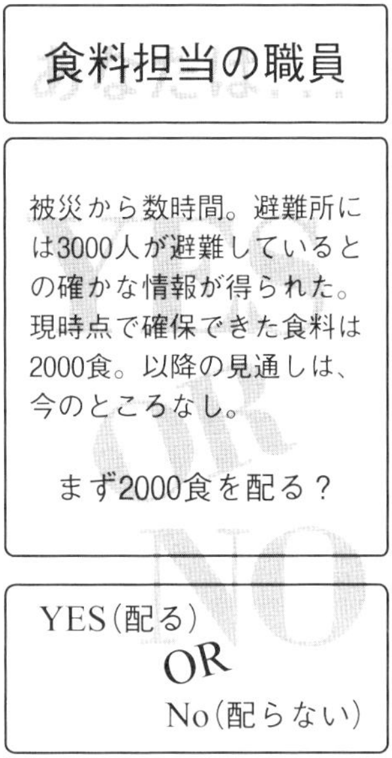

```
┌─────────────────────────┐
│     食料担当の職員       │
├─────────────────────────┤
│ 被災から数時間。避難所に │
│ は3000人が避難していると │
│ の確かな情報が得られた。 │
│ 現時点で確保できた食料は │
│ 2000食。以降の見通しは、 │
│ 今のところなし。         │
│                          │
│    まず2000食を配る？    │
└─────────────────────────┘
┌─────────────────────────┐
│  YES(配る)               │
│        OR                │
│           No(配らない)   │
└─────────────────────────┘
```

図1-1　クロスロードカードサンプル

ト」)などが含まれている。また，筆者らがファシリテータ役となってゲームを進行する場合は，より詳細な資料を搭載したパワーポイント資料を用い，場合によっては，当事者の語りの動画像（画像＋音声）を提示することもある。

　ゲームの手続き（ルール）は，概略，以下の通りである（図1-2を参照）。

①参加者は5～7人一組のグループとなる

②うち1人が問題カード（ステートメント）を読み上げる（読み手は順次交替する）

③読み上げられた問題について参加者は，各自，イエス／ノーの決定を行う（1分程度）

④意思決定の結果をイエス／ノーカードでいっせいに表明する

⑤所定のルールに基づきゲームポイントを獲得する（基本ルールは，多数意見だった人に1ポイント，ただし，1人対その他全員という結果になった場合は，少数意見を尊重する意味で少数意見者に別ポイント，というもの）

⑥所定の方式に則って全員が自らの決定の理由・根拠を口頭で表明し（順次

クロスロードの基本ルール

1 YesかNoか―どうしよう…？　　2 決断してY／Nカードを裏向けで

3 オープン…！　　　　　　　　4 多数派＝青座布団（1人意見＝金座布団）

 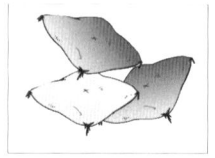

図1-2　クロスロードの手続き（概要）

表明が基本方式だが，1人少数意見となった場合は，その1人が最後に意見表明する，ディベート式に賛否を交互に表明する，全員の意見表明後にイエス／ノーカードを再提示する，などバリエーションはある），それらについてディスカッションする

⑦解説書（解説パワーポイント）を通して，問題カードのもとになった語りを読む（聞く）

⑧それをうけて再度，③から⑥のステップを繰り返す

⑨必要に応じて，以上を踏まえた「クロスノート」を一人で（もしくは，グループの共同作業として）作成する

⑩複数のグループが並行してゲームをしている場合は，各グループにおけるゲーム結果，ディスカッションの要旨を口頭で（場合によっては，模造紙等に整理したものを用いて）全体にレポートする

⑪以上のプロセスを複数の問題カードについて反復する。

以上が，ゲーム手続きの概要である。

なお，上記の③および④のステップについては，ゲーム参加者が自分自身の決定（選択）をイエス／ノーカードで表明する方式（タイプA）と，いずれの選択肢が多数派となるかを予測して，その予測結果を表明する方式（タイプB）

写真 1-1　実施の様子　　　　　　　　写真 1-2　実施の様子
（写真提供：熊本県健康危機管理課）　　（写真提供：熊本県健康危機管理課）

の2種類のルールが準備されている。タイプAは，防災実務にあたる自治体職員や自主防災組織のメンバーなどが，率直な，したがって，時には厳しい意見交換を行いたい場合に適した方式である。他方，タイプBは，どちらかと言えば防災には馴染みの少ない参加者が，防災に関する多様な情報や意見を摂取することを目的とする場合に適した方式である。自らの意見表明ではなく，他の参加者の意見を推測した結果が表明される分，意見対立に伴う葛藤も間接化されるためである。

　ゲームに要する時間は，何枚の問題カードについてプレイするかに依存する。問題カード1枚あたりに要する時間（上記の①〜⑩のプロセス）は，ゲーム参加者の予備知識，興味・関心の程度などによってさまざまであるが，10分程度から，ときには1時間以上にわたる場合まで，さまざまである。一般的に言って，防災の専門家など，防災に関する予備知識が豊富な参加者ほど，所要時間が長くなり，一般の大学生など，防災に馴染みの少ない参加者ほど，所要時間は短くなる傾向にある。

2　新しいコンテンツの開発

　1節で述べたように，「クロスロード」は，阪神・淡路大震災における神戸市職員の災害対応に取材することから誕生した。したがって，その主たるコンテンツ，すなわち，具体的な意思決定状況，主に，自治体職員の災害対応にまつわるものである。また，意思決定者の立場としても，自治体職員が指定されて

いる場合がほとんどである。もちろん，たとえば，一般の地域住民や災害ボランティアが，こうした立場に仮想的に身を置いてプレイすることも，視野を広げ意見の多様性を実感することができる点で有効ではある。

しかし，他方で，「神戸編」の公開後，「一般の住民が直面する身近な問題をとりあげたカードが欲しい」，「身近な自主防災組織の訓練などで気軽に使える内容に……」といった要望を多数受けた。そこで，従来の「クロスロード」，すなわち，「クロスロード：神戸編」に引き続いて新たに開発したのが，「クロスロード：市民編」である（第4部第1章）。さらに，2004年，福井県，新潟県，兵庫県などを襲った水害や新潟県中越地震など近年の自然災害で，高齢者や障害者に被害が集中するケースが目立ったことをうけて喫緊の防災課題となっている災害時要援護者対策を集中的にとりあげた「クロスロード：要援護者編」も作成した（第4部第2章）。

このように，「クロスロード」は，その基本フォーマットが非常にシンプルであるため，コンテンツを変更すれば，さまざまなテーマ，問題に共通して適用できるという特性をもっている。そこで，狭義の防災・減災課題の枠を外し，より広範な社会問題を対象としたコンテンツも，それぞれの領域の専門家や実践者の協力のもと，共同制作することにした。「感染症編」（第4部第3章），「食品安全編」（第4部第4章）などである。

上記のように，「クロスロード」は高い汎用性を有しているため，多様なテーマについてコンテンツを作成することが可能である。ただし，「クロスロード」は，商標登録を有するツールであり[2]，「神戸編」，「市民編」は市販品でもある[3]。したがって，新たなコンテンツの作成，ゲーム手続きの改変などのアレンジは，原則として，筆者らとの共同作業方式でお願いしているので，この点十分留意されたい。

3　いろいろな実践事例

「クロスロード」を活用した実践が，現在，全国各地で盛んに展開されている（写真1-3を参照）。著者らが把握しているだけでも，北海道，宮城県，新潟県，千葉県，東京都，神奈川県，静岡県，愛知県，三重県，和歌山県，滋賀県，京

写真1-3 「クロスロード」の実施風景
(大阪府岸和田市における津波防災ワークショップにて 写真提供:岸和田市)

都府,大阪府,兵庫県,奈良県,高知県,広島県,福岡県,熊本県などに及ぶ広い範囲で活用されている。また,日本国内だけでなく,海外でも,「スモールスケールマイナー(小規模採掘)」,「原子力発電所」,「津波防災」におけるリスク管理などをテーマに,フィリピン,ベトナム,インドネシア,バングラディッシュ,イギリス,イタリア,ドイツなどで利用されている。ゲーミング・セッションの実施回数は,1000回以上にのぼり,参加人数のべ30000人を超えていると思われる。

第2部で紹介するいくつかの実践事例は,その中でも特徴的なケースとしてとりあげたものである。高知県,神戸市,岸和田市,高知市,愛知教育大学,それぞれの事例の特徴を簡単に整理しておこう。

高知県での実践には,2つの大きな特徴がある。第1は,「クロスロード」を使った防災実践をファシリテータとしてリードすることが可能な人材を育成する講座を開催した点である。具体的には,当初,プレーヤとして「クロスロード:神戸編」を体験した県内の市町村職員が,次段階としてファシリテータ養成講座を受講した。そして,ファシリテータとしての認定を受けた後(認定証を発行),それぞれの市町村で「クロスロード」を用いた実践に従事している。第2は,「クロスロード:高知編」の開発である。これは,前節で述べた新しいコンテンツの一種である。すなわち,「クロスロード:神戸編」には含まれていないものの,高知県にとっては防災上の重要案件である津波対策や台風対策をテーマとしたコンテンツを筆者らと共同制作したのである。

神戸市での実践とは，言うまでもなく，「クロスロード」のルーツである災害対応の体験を筆者らに提供してくれた神戸市職員自身が，「クロスロード」にとりくんでいるということを意味する。具体的には，ビデオインタビュー・プロジェクトの担当者をはじめとする職員有志が，庁内のインフォーマルな職員研修会の場でクロスロードを活用している。震災から14年以上を経て，退職・異動等により，「震災を知らない」神戸市職員が全体の3分の1程度にもなっているという現実を踏まえ，庁内の語り継ぎの媒体の一つとして「クロスロード」が活用されているわけである。

　神戸市の「クロスロード」には，「この設問の現場にいた……」という職員が参加していたケースもあり，独特の迫力がある。また，震災当時とは異なる部署に異動になった職員が，「今になって，あのとき××さんが反対していた理由がわかりました」と語ったり，「私は，震災の年の4月に入庁したので，何もわからないまま指示通り動いていましたが，今では…」と話す当時の新人職員がいたりと，「クロスロード」というツールを活用することで，その貴重な体験が，時を越え，世代を越えて伝達されている点が重要だと思われる。

　岸和田市での実践は，津波防災まちづくりのワークショップの一こまとして導入されたものである。すなわち，「クロスロード」は，単独のツールとして活用されることが多いが，この事例では，「クロスロード」を，津波防災をテーマとした数ヶ月にわたるワークショップ・プログラムの導入部として活用している。具体的には，「クロスロード：市民編」から，津波避難時の問題を採用し，これをワークショップ・プログラムの冒頭部で活用した。これによって，「近所の高齢者の居場所が具体的に把握できているか」，「実際に助けに行けるのか，たとえば，路地が倒壊家屋で塞がってしまう可能性はないか」といった，津波避難時の具体的問題への関心を自然な形で高め，その後提示された津波ハザードマップや道路閉塞シミュレーションといった他のツールの有効性を高めることが可能となった。

　高知市の事例は，「クロスロード」をDIG（Disaster Imagination Game）と組み合わせて活用したケースである。「クロスロード」は，手続きが単純で，かつ可塑性が高いので，DIGなど地図を活用した既存の防災演習方式と組み合わせて活用することも十分可能である。DIGによって危険箇所や避難所などを

具体的にイメージした上で、「クロスロード」の設問について集団で検討することによって、互いが互いを補い研修効果を高めている。

他方、愛知教育大学の事例では、他の事例にも見られるように、オリジナルの新作問題を制作するとともに、ゲームの実施方法に大きな工夫を加えている。その一つが、「集団クロスノート」の活用であり、もう一つが新しい意見表明ルール（上記1節で述べたタイプAとタイプBを組み合わせたタイプC）の提案である。「クロスロード」は、コンテンツの面だけでなく、そのルール（ゲーム手続き）の面でも非常に単純であるため、参加者の性質や現場のニーズに応じた運用上の改良が非常に容易だということを示す事例である。

最後に、「質問紙版クロスロード」について触れておこう。これまで述べてきたように、「クロスロード」は、基本的には、集団ゲームの場面での利用が念頭に置かれている。また、この後詳述するように、各問題に対する「正解」（イエスかノーか）を特定することではなく、問題の構造を把握するための思考のプロセス、あるいは、複数の参加者によるディスカッションを通した合意の形成、視点の多様化などが重視されている。

しかし他方で、特定の設問に対して、イエス／ノーのいずれの回答が選好される傾向にあるのかを知っておくことは、―多数の支持を受けた選択肢が常に望ましいことを意味しないのはもちろんであるが―現実に意思決定を行う必要がある当事者にとっては、有用な情報である。いつでもどこでも通用する「正解」は存在しないとしても、どちらの選択肢がより好まれているかに関する実状、いってみれば、「世論」は存在する。「質問紙版」は、この「世論」を探る試みなのである。

以上、本章では、本書の主役「クロスロード」について、まず、そのオリジナルバージョンである「神戸編」のアウトラインについて記した（1節）。あわせて、「神戸編」以降の展開と発展についても、新しいコンテンツ（別バージョン）の作成（2節）、および、さまざまな現場における活用の実態（3節）について、その概要をまとめた。いちいち参照箇所を記すことはしなかったが、本章の2節と3節で紹介した新しいコンテンツや実践事例については、すべて、この後、本書で詳しく紹介している。興味と関心に応じて、どこからでも読み進めてほしい。

注

1) 「クロスロード」とは，別れ道を意味し，そこから転じて重要な判断や決定を指す。
2) 商標登録 2004-83439 および 2004-83440 番
3) 「神戸編」「市民編」および「災害ボランティア編」は，京都大学生協ブックセンタールネ（TEL: 075-771-7336, http://www.s-coop.net/index.html）より購入することができる。

引用文献

矢守克也　2006　語りとアクションリサーチ―防災ゲームをめぐって―　心理学評論, **49** (3), 512-526.

Yamori, K.　2008　Narrative mode of thought in disaster damage reduction: A crossroad of narrative and gaming approach. In T. Sugiman, K. Gergen, W. Wagner, & Y. Yamada (Eds.), *Meaning in action: Constructions, narratives and representations.* Springer Verlag.　pp.241-252.

矢守克也・吉川肇子・網代　剛　2005　防災ゲームで学ぶリスク・コミュニケーション―クロスロードへの招待―　ナカニシヤ出版

第2章

吉川肇子

クロスロード5年

1　制作者として学ぶ

［1］最適解はない

　クロスロードを公表して5年が経つ。この5年間は，クロスロードを制作した筆者らにとって，学ぶことが多かったという実感がある。率直にいうなら，クロスロードは，「災害対応を学ぶ教育ツール」であるというわれわれの当初の認識を超えたものであった。この「クロスロード」という道具を手にして，われわれ自身が，それを使ってくださっている皆さんとともに発見したものが何であったのかを本書では明らかにしていきたい。なお付け加えていうなら，クロスロードはまだ進化途上であり，さらに発展していくものとわれわれは確信している。その経過も本書の中で紹介することになる。

　前回の出版（矢守ら，2005）の時に，クロスロードの課題として4つのことをあげた。第1は，「神戸編」の拡充，第2は「ローカル版」の作成，第3は，一般市民に取り組みやすいコンテンツの拡充，そして第4は最適解（正解）の取り扱いの問題である。

　第1の神戸編の拡充については，当初80問であった問題は現在150問を超えたストックとなっている。これらの一部については，第2部で紹介するファシリテータ制度や資料共有システムを通して公開されている。

　第2の「ローカル版」の作成については，本第2部第1章で紹介する「高知県編」，「島田市編」，第4部第5章で紹介する「東海地震編」をはじめとして，多くのものが作られている。すでに著者らの手を離れて，地域の防災，広くは

安全の問題を取り扱ったクロスロードが作られているという状況は，本当にありがたいことと感謝している。

第3の市民に取り組みやすいコンテンツとしては，「市民編」を作成し，公表しているところである。この市民編については，問題も含めて第4部第1章で詳しく紹介する。

第4の最適解（正解）の取り扱いに関する問題とは，クロスロードが参加者の意思決定を求めつつも，その状況での正解を与えないことが，ある種の欠点ではないかと見なす考え方による。たとえば，神戸編についていえば，問題のもとになっているのは神戸市職員の方々の実話であるから，その実話が正解（あるいはそれに近いもの）といえるのではないか，という考え方がある。また，曖昧な状況であっても，いくつかの条件を設定すれば，状況を確定することができ，その上で災害対応の最適解を見いだすことができるのではないかという考え方もある。同じ疑問は神戸編だけではなく，最近になって作成された食品安全編，感染症編（第4部第3章，第4章参照）において，それぞれの分野の専門家から出されている。

この問題について，当時われわれは「はっきりとした見通しをえていない」と述べた。4つあった課題のうち，これがもっとも解決するのが難しいもののように思われた。しかし，5年を経た今，はっきりした答えをもっていると確信することができた。それは，「正解（最適解）はない」というものである。クロスロードによってわれわれが学んでいるものは，その問題の正解ではない。カードによって提示される，問題の背後にある構造を学んでいるのである。このことは，第2節で詳しく述べる。

[2] 勝負に徹する

教育訓練にゲームを導入するときに，「ゲーム感覚で楽しく学ぶ」という表現が使われることがある。クロスロードの場合は，プレーヤが少数意見に特別なポイントが与えられるというルールを念頭に，いわば「勝負に徹する」ことが，あるいは「勝負に徹して遊んでいるように見えること」が，意見や価値の多様性に気づくことにつながっている。

Meyer & Stiehl (2006) は，ゲームの教育効果について，「ゲームの自由空間

において，人は余すことなく挑戦することができる」と述べているが，これも「ゲーム感覚」での学びに徹することの意義を述べているように思われる。

実際，クロスロードにおいても，「金座布団ねらいで」と言いつつ，少数意見を表明するプレーヤが少なくない。ここで，金座布団ねらいということが，本心から金座布団をねらっているのか（すなわち，ゲームを楽しくするためにあえて自分の意見とは異なる意見を表明しているのか），それとも自分の意見が少数意見であるかもしれないと懸念していて「金座布団ねらいで」と弁明しながらその少数意見を表明しているのか（この場合，表明された意見は，まさしく自分の意見である），どちらであるかは問わない。また，それをあえて問わなくても意見表明ができるところがゲームの良さであり，勝負に徹することの意味であると思われる。そうであるなら，見かけ上「楽しく遊んでいること」にも意味があるといえるだろう。

教育訓練用にゲームを行うとき，それがまじめな活動であることを強調するために，むしろゲームの専門家の方が，「ゲーム感覚で楽しく学ぶ」という表現に抵抗しがちである。すなわち，「われわれは常にまじめにゲームをやっている」（吉川，2006）ということや，あるいはデジタルゲームをあえて「シリアスゲーム」（Prensky, 2006）と表現することなどはその表れといえるかもしれない。

クロスロードのように，プレーヤ同士が相互作用することが重要な要素となっているゲームでは，ゲーム中に他者の意見を聞くことこそが学習を深めることにつながっている。自分と異なる意見を聞いたり，他者が思い通りに動かないことに対しての感情を経験したりすることで，新しい見方や考え方に気がついた，という感想をもつプレーヤは多い。もちろん，他者の意見を聞くことは，他の方法（たとえば通常の議論）でも可能だが，ゲームはそれをより自然な方法で引き出すよい道具である。そのためにこそ，勝負に徹しなければならない。

2　問題の構造を学ぶ

[1] システム情報と事実情報

ゲームは社会の中にある問題構造を学ぶのに適した道具である。このことを

Meyer & Stiehl（2006）は，ゲームによって伝えられる情報を事実情報とシステム情報とに分けた上で，ゲームは事実情報よりもシステム情報を学ぶのに優れた道具であると指摘している。システム情報とは，彼らによれば，あるテーマについての関係性や依存性，相互作用を指す。これに対して，事実情報とは，具体的な数字などの，個別の詳細な知識である。

　クロスロードでいえば，選択肢がイエスかノーかのジレンマ構造で示されていることがシステム情報であり，「食料担当の職員」や「3000人に2000食（の食料）」（神戸編1008番）というような具体的な情報が事実情報であるということができるだろう。この問題で，3000人が3500人であるかどうか，その具体的な数字はほとんど意味をもたない。それよりも，避難所にいる人数に対して，圧倒的に食料が足りないこと，その食料の配分が担当者のジレンマとなっているというシステム情報が伝わることが，クロスロードというゲームにとって重要な意味をもっているのだ。

　かつて筆者が神戸市でクロスロードを実施する機会を得たとき，当時の災害対応をされた一職員の方から，「クロスロードを泣きながらやった」といわれたことがある。その問題は，まさに神戸編の1008番であった。神戸の災害対応の現場では，足りないのは食料だけでなく，遺体の数に対して棺桶が十分にない，というように，必要なものが足りないことだらけだといわれるのである。その状況を端的に伝えているのが神戸編の1008番である。

　言い換えれば，神戸編1008番で取り上げているのは，食料が足りなくなる，その配分のジレンマだけではない。食料という事実情報を別の物資に置き換えれば，神戸の災害対応の現場で，実際に起こっていたことを，システム情報として学ぶことができるのである。

[2] 言語を超えてつながる

　クロスロードが問題の構造を学ぶことにつながる例をもう1つあげよう。筆者が所属している研究グループでは，2006年8月16日～18日にベトナム共和国のハノイにおいて，小規模坑夫委員会 Communities of Artisanal/Small Scale Mining—ASIA のワークショップに参加したが，そこでスモールスケール・マイナー版のクロスロード問題が作成された。当初，文化が異なるアジアの人た

ちにクロスロードが理解されるか懸念したが，実際には，成功裡に終わることができた。その様子を鈴木（2006）に基づいて紹介する。

スモールスケール・マイナー（小規模坑夫，small scale miner）とは，発展途上国の鉱産地帯で稚拙な道具を用いて採掘する活動（スモールスケール・マイニング，small scale mining）を行う人々を指し，世界で約1300万人いると推定されている（ILO, 1999）。フィリピンを含め，わが国に対する重要な金の供給地帯であるアジアではスモールスケール・マイニングのうち，ゴールドラッシュ（金鉱採掘）が引き起こす水銀汚染が拡大しつつあり社会問題となっている。乱掘は地盤を不安定にするため山崩れを引き起こすことがあり，これまでに多数の死者が出ている。また水銀の使用は，健康上の障害を引き起こしている。このように住民自身が地域の環境を破壊するとともに健康と労働のリスクを抱える深刻な構図ができあがっている（吉川ら，2003）。

水銀汚染が急速に進行しているにもかかわらず，スモールスケール・マイナーは，自らの活動が環境に与える負荷をかなり低く見積もっていると言われている。これらの問題を解決するためには，スモールスケール・マイナーを含む地域住民の意識向上が課題となる。

このような状況の中で，クロスロードを用いたワークショップを行うことは，意義があると考えられた。当日の参加者のほとんどは，地質学あるいは鉱山技術に関わる専門家であった。小規模な採掘や精錬に従事している人びととの健康管理や，その生活環境の保全や維持は，彼らの重要な関心事である。

プログラムは以下の3部構成であった。参加者がゲーミングという手法に不慣れであることも考慮し，まずトランプを使ったダウト（Doubtは日本での名称，一般にはCheatまたはBullshitとよばれる）を行い，次にダウトにルールが類似した廃棄物ゲーム（Thiagarajan, 1991）を行った。廃棄物ゲームは，ごみ廃棄の仕方が環境に影響を与えるが，さらに不法投棄の監視のためにはコストがかかることを，トランプだけを使って理解できるゲームである。

上記2つのゲームを行ったあとで，クロスロード神戸編を6問行った（英語に翻訳したもの）。具体的には，1002, 1003, 1008番などが使われた。

通常の手続き通りにクロスロードをゲームとして実施したのち，自らの問題をクロスロードの問題とする作業に入った。ただし，この際に神戸編の提示だ

けでは問題作成になかなか取りかかれないという状況になった。そこで，ファシリテーションをしていた鈴木が，愛知教育大の学生が作成した次のようなクロスロード（第2部第4章参照）の1問を紹介したところ，参加者は問題作成を始めたとのことである。

　　　セルフ・サービスの喫茶店。少し怖そうな男性が席に座って注文した。しかし，セルフ・サービスなので注文後自分で品物を運んで欲しいと伝えると，その男性は不承不承したがった。ところがその直後，明らかに歩くのに支障のありそうな老人が来店したとたん，コーヒーを注文した。あなたはコーヒーを運ぶか？

この問題の紹介後，実際に作成された問題を2つ紹介する。

【スモールスケール・マイナー編（1）】（原文は英語）
　あなたは，政府職員。スモールスケール・マイナーが，金を採集するのに，毎日シアン化合物を使用している。この化合物は環境に対して非常に有害であるが，そうしなければ彼らの生計が成り立たない。使用を認める？
　⇒イエス（認める）／ノー（認めない）

【スモールスケール・マイナー編（2）】（原文は英語）
　あなたは，村の医師。村長が住民の健康チェックのための制度を作ったが予算の関係で対象者は，村民に限られる。スモールスケール・マイニングのサイトに，治療を受けるべき患者が2名いて，1人は村人だがもう1人はそうではない。2人とも治療を受けさせる？
　⇒イエス（2名とも治療）／ノー（住民だけ治療）

　ここで注目したいのは，このワークショップの参加者の問題作成を引き出すきっかけとなったのは，一見彼らの仕事とは遠くにありそうに見える日本の大学生の日常生活（おそらくはアルバイトでであったできごとをもとにした問題と推測される）を描写した問題であったことである。この問題を見て，クロス

ロードの問題状況の本質が二者択一のジレンマ状況であることが参加者に理解され、これを参加者自身の日常のジレンマに置き換えて問題作成をすることが可能になったと推測される。

ここで再び Meyer & Stiehl（2006）の指摘に戻るなら、どちらかといえば事実情報が詳しく記述されている神戸編においては、地震が身近な問題でない参加者にとっては問題の本質をわかりにくくしたといえるかもしれない。表面的に細部の情報が理解できないことが、システム情報を見えにくくしているともいえる。他方、事実情報が少ない日常的な大学生の問題によって、クロスロードのもつシステム情報（ここでは、2つの選択肢がジレンマになっていること）が理解されたということができるだろう。このシステム情報が理解されたことで、すなわち、問題の構造が理解されてはじめて、言語を超えて問題作成が可能になったといえよう。

3　問題を作るという作業

[1] 静岡県島田市の例

クロスロードは、筆者らが問題を作成する以外にも、それを使うユーザーがオリジナルの問題を作ることも行われている（矢守ら、2006）。たとえば、水害の多い高知県においては水害をテーマにした高知県編が、高齢者の多い広島県呉市においては災害時要援護者編が作られている。また、前述したように、海外においてもスモールスケール・マイナーの問題を作成するワークショップなども実施されたほか、ドイツの大学でも実施されて好評であると聞いている。いずれの場合も、共同で問題を作ることが、地域の抱える問題の共有や理解につながっている。さらに、問題作成が問題そのものの解決策を模索することにつながることもある。

ここでは、その作業がどのように行われているのかを、中野（2007）の報告をもとに紹介する。これは、静岡県島田市の地域リスク共同研究機構が中心になって作成した、東海地震発生を前提としたクロスロードである。島田市の地域リスク共同研究機構とは、島田市の市民・民間企業・自治体の協働に基づいて、災害に強い地域作り、臨空地域の地域振興の実現を目的として設立された

ものである。

　作成にあたっては，まず中野が，島田市の行政・自主防災組織・市民それぞれに対してインタビュー調査を行った。災害対応を行う島田市役所，島田市社会福祉協議会，自主防災組織がどのような問題を抱えているのかを中心に聞き取りが行われた。また，市民に対しては，これらの組織に対する要望や，災害への備えなどを中心に聞き取りが行われた。このインタビュー結果は，KJ法（川喜田，1986）によってまとめられ，分析された。このインタビュー調査の他に災害に関する文献調査と，地域リスク機構の活動について参与観察も行われている。参与観察では，活動報告会やボランティアセンター立ち上げ訓練・情報訓練が対象となっている。

　上記の3つの情報をもとに，問題状況が分析された。具体的には，KJ法を用いて文章化された。このようにして分析されたものから，ジレンマ状況を抽出し，クロスロード問題9問が作成された。

　ここまでの作業は主として中野個人によるものだが，この後地域リスク共同研究機構のメンバー9名と実際にゲーム形式でこれらのうち5問題を行い，問題内容の検証を行っている。検証にはクロスノートが使われた。この検証においては，ゲーム問題の背景や問い方についても議論が行われたとのことである。たとえば，「もしこの言葉が違う問い方であったら考えが変わるかもしれない」あるいは「この状況がもし違うものだったら，考えは変わるだろう」というような発言がなされ，意見や価値観の共有をすることができたとのことである。

　島田編と神戸編とは，インタビューをもとに作られている点で，類似点がある。しかし，神戸編は問題作成においては，インタビューをされた当事者は関与していない。他方，島田編は問題作成においても当事者が関与している。島田編では問題作成をするという作業そのものが，その地域での問題の検討，すなわち，学びのプロセスになっていることに注目したい。

　問題の作成が学びにつながることは，他の地域でも報告されている。神戸市のある地区の福祉コミュニティでは，住民が地域の問題を考えるためにクロスロード問題を作成されている。この会合には，中学生から高齢者まで幅広い年齢の人々が参加している。この例では，まず，地域の各団体が抱えている問題を役員から提出し，それを当日参加者で検討し，問題を完成させるという手続

きをとっている。

［２］定型を守る

　問題を作成することは，このほかにもさまざまな地域で行われている。また，職務別に作成されたものもある（看護編，消防編など）。これらについては，第4部で紹介をすることになる。また，ファシリテータ専業の方々の集まった日本ファシリテーション協会のフォーラム（2007年5月）でも，神戸市職員の西修氏による問題作りワークショップが行われている。

　このように，さまざまな地域で，またいろいろな職種において，さらには，災害というハザードだけでなく，多様なハザードについて，クロスロードというフォーマットが使われるようになったことの意義は深い。それは，あたかも5・7・5という定型で多様な現象を表現する俳句や川柳のようなものということができるだろう。

　状況を短い文章で表現し（カードにする場合，通常は70字から100字である），必ず2つの選択肢として意思決定を表現することは，一見不自由な形式に見える。しかし，むしろこうした制約の中でこそ，問題の構造がよりよく見えてくることがある。

　ゲームの要件として，目標があることと制約があることを前著で指摘したが（矢守ら，2005），ゲームとしてのクロスロードを見る場合，制約とは「イエスかノーしか選べないこと」である。プレイをするゲームとしてではなく，コンテンツを乗せる媒体としてクロスロードを見るとき，その制約は，状況を詳しく記述できないこと，そしてイエスかノーかの2つの選択肢でしか意思決定を表現できないこと，の2つということになるだろう。

　定型を守ることに関して，「遊び」の研究者であるカイヨワ（Caillois, 1990）とチクセントミハイ（Csikszentmihalyi, 2000）が，いずれも日本語版への序文で次のような指摘をしていることは興味深い。すなわち，カイヨワは「花を生ける芸術によって，茶の儀式によって，また伝統的な短詩の厳密な形式によって，（中略）日本文化は，その歴史の全体を通じて，遊戯精神との明白な血縁関係を，いわば誇示しているように思われる。」（邦訳，p.5）と述べており，また，チクセントミハイは「日常の細かいところへの注意の集中，複雑なルール

への信頼，階層的関係の中でのチームワークの伝統等は，近代的技術生活のルールに基づく「遊び」を助長する慣習である。」（邦訳 p.15）と述べている。日本の読者に対して若干の社交的な賛辞があるとしても，両者ともに伝統的な形式（定型，またはルール）を守ることが「遊び」につながるものと見なしている。制約されることが遊びにつながるということは，まさにルールという世界の中でのゲームの楽しさにつながっていると思われる。

再び Meyer & Stiehl（2006）のシステム情報と事実情報という区別に立ち返るなら，状況を記述する字数に制限があることは，事実情報を詳しく書けないということに結びつく。このことが，結果として，クロスロードの問題で伝えるべきシステム情報をより際だたせることにつながっているようだ。このことにより，その問題でクロスロードを行うプレーヤの視点からみると，表現されている問題構造がよりはっきりわかるということにつながる。

また，問題制作者の立場からは，複雑な現実の状況を短い字数で記述するためには，この状況で本当に書くべきことは何なのか，を精査しなければならない。複雑な現実の本質は何なのか，それを説明するために最低限必要な状況説明はどうあるべきか，それらを考えることが，その問題の深い理解につながっている。

一般に，ゲームのルールやコンテンツを考えるためには，主題について，資料を調べたり，考えたりしなくてはならない。すなわち，ゲーム制作者が一番勉強しているとすらいえる。そのことは，クロスロードにおいてもまた真実である。

[3] あえて細部を見る

問題の構造を理解するために，あるいはシステム情報を理解するために，クロスロードの問題が普遍的に記述されることが，常によいというわけではない。問題の記述が特異的であることが，プレーヤの想像力をより引き出すこともある。

たとえば，市民編（第4部参照）に次のような問題がある（市民編5009）。

あなたは，市民です。

大きな地震のため，避難所（小学校体育館）に避難しなければならない。

しかし，家族同然の飼い犬"もも"（ゴールデンリトリーバー，メス3歳）がいる。
一緒に避難所に連れて行く？

　この設問が扱っているのは，災害時にペットをどうするかという問題であり，それがシステム情報である。システム情報だけを議論するのであれば，犬種がどうであるか，その年齢や名前などは，必要のない情報である。しかし，実際には，このように犬種が明記されていることで，「ゴールデンリトリバー」（一般には大型でおとなしい犬種）ではなく，別の犬種であったとしたら判断が変わるか，3歳ではなくもっと年齢が高い（したがって家族と暮らした年月も長い）犬であったらどうか，というように状況を変えて想像力を働かせ，議論することを誘発している。この場合は，むしろ事実情報がかえって意味をもつことになる。

　前述したスモールスケール・マイナー編とは逆のケースである。このことは，参加者が事実情報をどの程度理解できるか，あるいは熟知しているかに左右されると思われる。市民編の例でいえば，ゴールデンレトリバーも「もも」という名前も，参加者には聞いたことがあるように思える，あるいは，理解できる情報である。このようなとき，システム情報を議論するために，事実情報が意味をもつ。

　また，ローカル版においても細部に詳しい情報が記載されることもある。たとえば，高知県編2（第4部参照）は，次のような問題である。

あなたは，市町村の防災担当課長。
9月後半。秋雨前線が台風に刺激され，午後5時頃大雨洪水警報が発表。雨はとどまることを知らず，市町村内から浸水の報告が集まっている。午後9時には時間雨量100ミリを超える雨となり，やむ様子もない。かなりの浸水が始まっている。首長に，「避難勧告」発表を申言する？

　この問題は，高知市での98豪雨（平成10年9月24日から25日にかけて最大1時間降水量129.5 mm，最大24時間降水量861 mmという豪雨）の事実を

もとに作問されたものである。夜間ですでに浸水が始まっているが，初動は遅れているという状況で，首長に避難勧告を申言するかどうかというジレンマである。現実には，高知市の場合，避難をする方が危険という判断で，避難勧告は出されなかった。実際，夜間の避難を行って，急激な水量の変化によりマンホールのふたが持ち上げられ，そこに吸い込まれて亡くなった方もあったとのことである。このような事実を伝えるためには，問題文中の時間や雨量の情報が意味をもつ。さらには，市民編で例示したように，時間が午後9時でなくて，午前9時であったらどうか，というように，時間を変えて議論することも可能になっている。

のちに紹介する東海地域編や静岡大学編もそうであるが，クロスロードで多く作られているローカル版には，その地域ならでは，という特色ある情報が含まれていることが多い。それは，ここでいう細部を見るということである。

クロスロードを地域で実施されている様子を筆者らが聞いている限りでは，神戸編や一般編などのすでに公開されている問題を8問から10問程度実施したのち，ファシリテータが用意した地域版（2問程度）を実施するか，地域版の問題作成に取りかかる，という使い方をされているところが多いようである。

いうまでもなく，災害は地域ごとに特徴がある。同じ地震が起こったとしても，都市で起こるのか，中山間部で起こるのかで，被害のありようが異なってくる。また，地震の被害よりも津波の被害の方が大きいと予測されているところもある。これからの備えも地域ごとに考えていかなくてはならない。地域が抱える問題が多様であるように，それを解決する方法も多様である。このとき，細部の情報が意味をもつ。

クロスロードには最適解はない，と最初に述べた。確かに，クロスロードは，そのままでは最適解を導く道具とはなり得ない。また，誰かが考えたイエスかノーかの最適解を教わる道具でもない。しかしもし，これを地域の問題を考える道具として使い，地域の人々が話し合って最適解を導く道具として使うのであれば，最適解に近づくことが可能なように思われる。ただ，それはクロスロードというゲームを通して，関係者が主体的に考え，話し合うという前提があってこそ，実現することである。その主体的な学びのあり方を支援する道具としてクロスロードが役割を果たすものと考えている。

4 多様なリスクに展開する

　クロスロードを開発した当初から，筆者らには地震や津波というような自然災害だけではなく，多様なリスク問題に対して展開できるという確信があった。さらには，リスク問題だけでなく，ジレンマ状況は現実には多くある。社会心理学の領域でいえば，個人間や個人内のジレンマ（葛藤状況）にも展開可能であると考えていた。

　現状で，われわれが関与して作成したもので，神戸編で取り上げている地震以外のものをテーマとしたものには，津波の問題も含めた一般編がある。また，同じ地震をテーマとしているものの，2004年の中越地震以来問題が顕在化した災害時要援護者編がある。地震予知の問題を含め，発災前後の情報の取り扱いと社会生活の制限が主なテーマとなっている東海地震編もある。

　自然災害以外のハザードを取り上げたものとして，スモールスケール・マイナー編では，労働衛生や環境問題が主なテーマとなっている。これについては，すでに簡単に紹介した通りである。

　学校安全編も比較的早く作られた。というのも，近年学校での事件・事故が相次ぎ，学校の防犯の問題が喫緊の課題となっていたからである。また，クロスロードという形式が，学校現場で比較的好意的に受け入れられて使われているということも理由の一つである。ロングホームルームの討論の素材として使われているとも伺っている。このような状況を背景に，災害以外に「学校防犯を扱った問題はないのか」という声がでてきた。

　次いで，自然災害以外のものとして，感染症編，食品安全編が作られた。特に感染症は，新興感染症と再興感染症の問題が近年関心を呼んでおり，特に新型インフルエンザのアウトブレイクが予測されていることから，研修のための素材が欲しいというニーズが高かったという事情がある。また，筆者の聞き取りでも，感染症の分野は，公衆衛生上の施策がしばしば個人の利益に反することがあり，まさしく多くのジレンマがある状況であった。

　食品安全編は，大規模な対話集会ではなく，比較的小規模な対話の場で食品安全を議論したいというニーズから作られた。食品安全の分野は国内でのBSE感染牛の発見以来，リスク分析に基づく管理が行われるようになったが，

そのシステムが必ずしも消費者に理解されているわけではない。このような状況にあって，自分が話したのと同じ時間だけ他者の意見を聞くことのできるクロスロードという形式は，専門家，行政，市民が対話するのには適切なツールであると考えられたのである。

　さらに，それぞれの職業には，職務の遂行上，特有のジレンマが存在する。人命を預かる職種では特にそうである。したがって，クロスロードの職務特殊版ともいうべきいくつかのバージョンが作られている。それらは，海上保安庁編，消防編，看護師編である。

　上記のさまざまなバージョンの詳細については，本書の中で紹介していくことになる。また，個人間・個人内ジレンマの問題については，「大学生編」として紹介されている。

　このように多様なリスク問題に対して展開できるのは，繰り返すことになるが，クロスロードが問題の構造を理解するのに優れた道具だと見なされているからだと考える。はじめは神戸市職員の方々の体験をもとにしていたわけだが，「同じようなジレンマが自分の地域にもある」あるいは「自分の仕事の中にもある」とプレーヤが思うことが，独自の問題作成という次のステップにつながっている。

　クロスロードで表現できるリスクや問題構造はまだまだたくさんあることは確信している。しかし，率直にいえば，筆者らだけでは問題作成が追いつかない状況である。現実にそのようになっているが，われわれ制作者だけでなく，多くの方々が問題作成に関わって情報交換をしてくださることで，さらにクロスロードが発展することにつながると考えている。

引用文献

Caillois, R.　1967　*Les juex et les homes*. Paris: Gallimard.（多田道太郎・塚崎幹夫訳　1990　遊びと人間　講談社学術文庫）

Csikszentmihalyi, M.　1975　*Beyond boredom and anxiety: Experiencing flow in work and play*. San Francisco, CA: Jossey-Bass.（今村浩明訳　2000　楽しみの社会学（改題新装版）　新思索社）

ILO　1999　*Social and Labour Issues in Small-Scale Mines*. Geneva, p.99.

川喜田二郎　1986　KJ法―混沌をして語らしめる―　中央公論社
吉川肇子　2006　企画に当たって―特集「シンプルゲーム」―　シミュレーション＆ゲーミング，**16** (2)，103-104.
吉川肇子・村尾　智・竹村和久　2003　スモールスケールマイニングによる労働安全と環境問題―フィリピンイトゴン地区を対象とした調査―　地域安全学会論文集，**5**，61-70.
Meyer, T., & Stiehl, S.　2006　教育におけるゲーム利用の可能性　シミュレーション＆ゲーミング，**16** (2)，83-91.
中野崇司　2007　「東海地震を前提とした防災ゲームの開発」　2006年度静岡大学工学部卒業論文（未公刊）
Prensky, M.　2006　*Don't bother me mom-I'm learning!: How computer and video games are preparing your Kids for twenty-first century success - And how you can help !*　Paragon House.（藤本　徹（訳）　2007　テレビゲーム教育論―ママ！じゃましないでよ勉強してるんだから―　東京電機大学出版会）
鈴木清史　2006　個人書簡
Thiagarajan, S.　1991　Garbage: A card game that simulates the trade-off between competition and concern.　*Simulation & Gaming,* **22**, 112-115.
矢守克也・吉川肇子・網代　剛　2005　防災ゲームで学ぶリスク・コミュニケーション―クロスロードへの招待―　ナカニシヤ出版
矢守克也・吉川肇子・鈴木清史　2006　クロスロード―新バージョンの開発とその意義―　日本災害情報学会第8回大会予稿集，65-70.

第3章

矢守克也

「終わらない対話」とクロスロード[1]

　本章では，防災に限らず，環境，医療，福祉，土木など多くの分野で，専門家と非専門家（一般の人びと）との間の「対話」的なリスク・コミュニケーションが求められている現状を踏まえ，「対話」をキーワードとして，「クロスロード」が果たしている機能について，理論的に考察する。結論としては，「クロスロード」は，従来型のリスク・コミュニケーションツールとは異なり，「終わらない対話」という新たな形態の対話を実現するためのメディアであることを明らかにする。

　具体的には，まず，1節で，「終わらない対話」とは異なる2つの対話形式，すなわち，「真理へと至る対話」，「合意へと至る対話」について述べる。これら2つは，歴史的な意味でも論理的な意味でも，「終わらない対話」に先行する対話形式として位置づけることができる。特に，ゲーミングの技法との関連に留意して，これら2つの対話形式と「終わらない対話」との異同について分析し，その作業を通じて「終わらない対話」の性質を明確化する。次に，「クロスロード」を活用した防災実践活動における対話の特徴を社会学者ルーマンのリスク論に依拠して考察し，「クロスロード」が「終わらない対話」に結びつく根拠を理論的に示す（2～4節）。最後に，「クロスロード」は，「終わらない対話」のみならず，上述の3つの対話形式をすべて包含した重層的な対話メディアであり，専門家と非専門家との対話には，今後，こうした重層的なメディアやアプローチが不可欠であることを指摘する（5～6節）。

1 「真理へと至る対話」と「合意へと至る対話」

　まず,「真理へと至る対話」について見ておこう。ここでいう「真理」とは,環境,医療,防災,福祉,土木などの諸分野における専門家たちによって,彼らが所属する専門家コミュニティが正当だと認定する方法に従って見いだされると考えられている知見のことである。「科学的」と認定されている知識や法則,時代や文化の違いを越えて普遍的に妥当すると見なされている専門的な技術・ノウハウなどが,ここでいう「真理」の代表例である。一般の人びとが真理を生みだすプロセスに関与することはできない。関与するためには,しかるべき手続きを踏んで,まず自分自身が専門家コミュニティの仲間入りを果たす必要がある。したがって,ここでは,対話は,専門家コミュニティの活動によって真理が特定された後に,非専門家がその真理へと正しく,あるいは効率的に至るための対話としてのみ成立することになる。「真理へと至る対話」とは,このことを指している。通常,「市民啓発型」と称されている対話モデルといってもよい。

　「真理へと至る対話」を促すためのゲーミング技法は多数存在する。もっとも代表的なところでは,遭難した宇宙船の乗組員であるという想定で緊急時の対応に必要な物品に必要度に応じたプライオリティをつけることを参加者に求める「NASA の課題」(柳原,1987) をはじめとする,いわゆる「正解付問題解決課題」を用いたゲーミング手法をあげておくことができる。NASA 課題では,専門家が指定した正解(つまり,真理)が予め設定されている。よって,そこへと至る複数の手続き(たとえば,個人の意思決定と集団の意思決定)の有効性が相互比較されることはあっても,正解そのものの妥当性が問題にされることはけっしてない。ゲーミングは,専門家のみが特定しうる真理へと非専門家を導くためのメディアとされ,多くの場合,専門家の手になる書籍や講義といった一方向的な対話形式と比較して,非専門家にも相対的に馴染みやすいメディアと見なされてきた。

　以上の特徴から,NASA 課題などの形式をもったゲーミングを,専門家と非専門家を繋ぐ双方向的な対話メディアであると考えたり,より参加的な対話メディアであると見なしたりすることがよくある。こうした考え方はむろん誤り

ではない。しかし，ユーザーフレンドリーなメディアであることと「真理へと至る対話」とが相容れないわけではなく，正解付問題解決課題を用いたゲーミングの多くは，その基底的な対話構造に注目してみれば，市民啓発型の講義と同様，「真理へと至る対話」の一種であることがわかる。この点，たとえば，講義方式と集団決定法とが，食習慣の変容に及ぼす効果を比較検討したレヴィンの研究（Lewin, 1953），態度変容に及ぼす恐怖コミュニケーションや段階的説得の影響について検討した研究群など，グループ・ダイナミックスの古典的研究も同様の前提にたっていたといえよう。

　他方，「合意へと至る対話」は，専門家コミュニティによる排他的な真理の特定という前提は放棄し，その作業の一部に，他領域の専門家，実務にあたる者，さらには，非専門家を介入させることを意図した対話形式である。したがって，ここでの対話のゴールは，専門家が指定した真理へと至ることではなく，直面する課題に関与する当事者（ステークホルダー）のうち，できるだけ多数が受容可能な合意を形成することにあるとされる。また，これに伴って，まったく同じ課題に対しても，地域差や時代差を反映して異なった種類の合意が結論として得られる可能性も織り込まれることになる。もっとも，正確にいえば，この観点に立てば，同じ課題という理解の仕方そのものが適切ではなく，地域や時代が異なれば，何が課題かということ自体が異なった形で社会的に構成され，課題自体がそれぞれ固有の形で現れるため，当然，その解消へ向けた合意も異なったあり方を示す可能性があると考えるのが通例である。

　ここで，上述の「作業の一部」という限定条件は重要であり，現実的には，多くの場合，合意の形成にあたって，専門家コミュニティが依然としてもっとも大きな役割を果たすことが多い。たとえば，医療の分野で，インフォームド・コンセントの方針のもと，医師から専門的な治療方針を聞かされても，素人に理解することは困難で，事実上，それに同意するほかないとの懸念は根強い。あるいは，公共工事に関連して住民会議の開催やパブリックコメントの募集といった手続きが導入されていても，既定の方針に賛同するメンバーが多く含まれている，あるいは，制度の存在そのものが周知されていないといった批判もある。要するに，形式的には，「合意へと至る対話」が志向されていたとしてもその中味は形骸化し，実質的には「真理へと至る対話」と同等の形態となって

いる場合も少なくない。

　「合意へと至る対話」を実現しようとしたメディアや手法も，ゲーミングに限らず数多い。たとえば，先に例示した正解付問題解決型課題を用いた事例も，正解の教示と習得ではなくコンセンサスづくりの手法を学ぶツールとして利用されるならば，その際は，「合意へと至る対話」を支援するメディアだと位置づけることもできる。このほか，KJ法（川喜田，1966）を代表とする各種の問題発見・解決のための技法（柳原，1987など）も，「合意へと至る対話」の実現を目指す手法の一種と考えることができる。さらに，QCサークル，ZD運動など，企業組織の組織開発の文脈で活用されてきた小集団活動も，製品の質の向上，事故防止，職場のモラール向上など，特に，特定の企業や職場を前提にしたときには，必ずしも普遍的な真理（解決法）を想定できないテーマについて，そこに関与する人たちの合意をもとに問題の解消を図ろうとしている点で，まさに「合意へと至る対話」を志向した運動だといえるだろう。

　現代社会は，社会を支える知識や技術の高度化・複雑化に伴って専門家と非専門家の間の格差がいっそう拡大する傾向にある。特に，臓器移植をはじめとする先端医療の問題，遺伝子組み換え食品などを代表とする遺伝子技術の問題，巨大ダム建設の是非をめぐる論争に象徴される土木開発問題，さらには，原子力エネルギーと放射能事故の問題といった領域で，この格差は深刻である。そこで，これらの領域を念頭に，より直接的な形で，専門家と非専門家がともに「合意へと至る対話」に従事することを支援しようとする試みも増えている。代表的なものとして，アウトリーチと住民参加を基軸としたワークショップ中心のまちづくり（原科，2005），「コンセンサス会議」（小林，2004）などをあげておくことができよう。

2　他者と災害の機能的等価性

　「クロスロード」が実現している対話は，一見すると，前節で概観した「真理へと至る対話」，「合意へと至る対話」と大きな違いがないようにも見える。事実，最後の6節で注意を促すように，「クロスロード」は，「真理へと至る対話」および「合意へと至る対話」を支援する機能も併せもっている。しかし，筆者

表 3-1 「クロスロード：神戸編」1008 番

	整理番号	あなたは……	基本設定	YES	NO
神戸編	1008	食料担当の職員	被災から数時間。避難所には3000人が避難しているとの確かな情報が得られた。現時点で確保できた食料は2000食。以降の見通しは，今のところなし。まず，2000食を配る？	配る	配らない

は，「クロスロード」を用いた対話は，これら2つの対話形態とは異なる独自の意義を有すると考えている。

ここでは，「クロスロード」の体験者がしばしば口にする感想，すなわち，「状況設定があいまいだ」というコメントを，考察のスタート地点としてこの点について考えていこう。重要な点は，このコメントに続く評価が大きく2つに分かれることである。一つは，どちらかといえば，このゲームをネガティヴに評価するもので，「だから，イエス／ノーが決めにくい」，あるいは，「だから，正解（最適解）が定まらない」というものである。もう一つは，どちらかといえば，ポジティヴな印象を述べるもので，「だから，自分なりの状況設定を付加することで一人一人が自分の地域のことを考えることができる」，「（同じ状況設定を前に）他人がいかに別のものを見ているかわかる」というものである。

筆者は，クロスロードに前者のコメントが指摘する性質があることを否定するものではない。しかし，状況設定の曖昧さをネガティヴに評価する立場は，「クロスロード」を「真理へと至る対話」，もしくは，「合意へと至る対話」のためのメディアとしてのみ位置づけることから生じていると考える。防災領域について具体的にいえば，「クロスロード」を，図上演習を代表とする従来型のツールと同一視することから，上記の評価は生じていると思われる[2]。

この点は，「別のものを見ている」という印象的なフレーズの意味について考えてみれば容易に理解することができる。「別のものを見ている」——たとえば，「クロスロード：神戸編」の1008番の問題（表3-1参照）を例にとれば，ただちに以下のようなことが念頭に浮かぶだろう。

被災とは地震なのか風水害なのか，発災は何時で今何時なのか，避難場所はどこか，避難所に行政職員はいるのか，食料輸送の手段は確保できているのか，

ここは都市部なのか村落部なのか，スーパーは開いているのか，腐る食料なのか，季節はいつか……など，これらの要因をどのように考えるかによって，同じ状況記述は，たしかにまったく別物の記述になりうる。

このとき，従来の図上演習型の防災教育ツールは，「状況付与」という鍵概念のもと，多様な見え方の特定をはかり，状況を可能な限り一意化し，当該状況においてとるべき正しい選択（最適解），すなわち，「真理」を特定しようとする。あるいは，状況付与の作業をすべて専門家に委ねることを避け，「真理」の同定の一部を「合意」の形成で代替しようとする場合もある。しかし，いずれにせよ，将来の災害について，現在の時点で，そこで起こりうるあらゆる状況を想定し，そのすべてについて最適解を予め指定しておくことは，原理的にできない。未来の出来事を特定する状況記述のすべてをこの現在の時点で入手することは，不可能だからである。

「クロスロード」が試みたことは，専門家や経験豊富な実務家がトップダウンで状況付与作業を展開することによって，あるいは，その作業を合意で補完することによって，状況の一意化をはかることではない。むしろ，ゲーム参加者一人一人がそれぞれの「防災ナラティヴ」（矢守，2006）を生成することによって主体的で多様な状況付与作業を展開する機会を提供することである。そして，―よりいっそう重要なことは―集団でのゲーミングという形式により，そうした個々の主体的な状況付与の結果も，原理的には，常に裏切られる可能性（「別のものを見ている」他者に出会う可能性）があることを，ゲーム参加者がパフォーマティヴに体験することである。パフォーマティヴに体験するとは，ここで述べていることを論理的に理解するのではなく，現実に自らのものとは異質な状況付与，および，それに依拠した異質な選択を行う他者（他のプレーヤ）と実際に出会うことを通して否応なくそれを知る，という意味である。

ここで，きわめて重要なことは，「クロスロード」においてプレーヤたちが出会う他者が，未来の災害がもつ偶有性（不確実性）の機能的等価物となっている点である。他者と災害とが機能的に等価であるとの主張は一見奇異に映るかもしれない。しかし，偶有性（他でもありうるという可能性が留保されていること）という性質に注目したとき，他者と災害とは，その根底において類似の性格をもちうる（大澤，1996）。すなわち，人間のもつ知的能力や想像力を極限

まで活用したとしても,「思ってもみなかったことが起こる」という性質が,未来の災害の本質なのだとすれば,他者の本質もまた,この自己がもつありとあらゆる感受性と相互理解のための能力を発揮したとしても,そこから逃れていく疎遠なものである点(自己に対して「思ってもみなかったことを言う」存在だという点)にこそあるからである。別の言い方をすれば,他者と災害はいずれも,この自己に対して,「これは想定外だ」,「このようなこともありえるのだ」という感覚を生じさせる点に,その本質的特徴をもっている。

あらためて整理すれば,「クロスロード」で記述されている事態の一意化の作業は,どんなに専門家が分析的な努力を施しても,また,関係者がどんなに熱心にディスカッションを重ねても,原理的には決して終結しない。たとえ,目からウロコが落ちるような提案がだれかからなされたとしても,あるいは,もうこれ以上の妙案はないと思える方策に行きあたったとしても,原理的には,「クロスロード」では,それを裏切るような事態,つまり,思ってもいなかったことを言い出す他者に出会う可能性は担保されている。これとまったく同じ構造が,未来の災害を対象とする防災の営み一般についても見られる。専門家コミュニティがその知識と技術の粋を尽くして予測と対策を講じても,また,既存の災害事例をすべて渉猟し,すべての専門家,住民の意見を聴取し,すべての関係者が合意を形成したとしても,その死角から社会を襲ってくるのが災害──特に,「未曾有」と形容されるような災害──という現象である。いいかえれば,専門家が特定した最適解が最適解でなくなり,合意された妙案が妙案でなくなる可能性は残る。この意味で,「クロスロード」において参加者たちが出会う他者がもつ偶有性は,未来における災害がもつ偶有性の機能的代替物なのである[3]。

3　リスクがないリスクの解消へ向けて

以上の議論は,ルーマンの著名なリスク論(Luhmann, 1991a; 1991b)の中に適切に位置づけることができる。ルーマンは,そのリスク論の中で,「リスクがないことがリスクだ」と述べている。この一見謎めいた言明も,リスクというコンセプトが,未来が本来もつ偶有性の現在への投影であることを踏まえれば,

その意味を容易に了解することができる．すなわち，仮に，リスク（偶有性）が完全に克服されたと考えるとすれば，それほどリスキーなことはないからである．いいかえれば，防災という営みにとっては，「これで，安全（安心）だ」というゴール（終わり）に達したという感覚が得られることこそが，真に回避すべき事態だということになろう．

　寺田寅彦の有名な言葉，すなわち，「災害は忘れた頃にやってくる」も，本来，ここでの議論に即して理解されるべきである．すなわち，池内（2005）によれば，寺戸寅彦がこの言葉に籠めた意味は，「自然を征服したような錯覚」のために，「文明が進めば進むほど天然の暴威による災害がその激烈の度を増す」ことに対する警戒感であったという．寺田の言う「自然を征服したような錯覚」とルーマンの言う「リスクがないリスク」とが，他でもありえること（偶有性）に対する感受性が鈍磨することへの警鐘という点で共通していることは明らかである．

　したがって，喩えていえば，防災の営みとは，歩いても歩いてもその分だけさらに後退していく地平線を，それでもゴールとして設定して歩み続ける終わりなき旅のようなものである．容易に想像がつくように，こうした旅は，大変に辛いものである．そこで，われわれは，ともすれば，「これがすべて」と言いたくなる．「この地域の最大予想震度は6強です．それに耐えうる建物にしました．絶対安全です」，「すべての可能性を網羅した対応マニュアルを作りました．絶対安心です」と言いたくなる．しかし，寺田もルーマンも，こうした状態こそ，もっともリスキーだと警告を発しているわけである．他方，終わりなき旅に対しては，以下のような反動的態度も生じうる．「それなら何もしない，もう運を天に任せた」という態度である．もちろん，こうした態度は，未来の偶有性を完全に封じ込めることが可能だと思いこむことと同様，非常に危険であり非生産的でもある．

　両極の間を行く中庸で，真に生産的な防災実践の道は存在しないのだろうか．前節での議論が，その方向性を示している．偶有性という共通項によって，他者と災害とが通底しているという論点である．われわれが偶有性にさらされ続けることを回避しようとする傾向をもち—「これで安心」か「もう何もしない」かのいずれかに二極化する傾向をもち—，かつ，災害という偶有性を実感する

機会そのものには容易に出会わないのだとすれば（災害は滅多にやってこないのだから），災害という偶有性に対する感受性を保持するための一つの方策として，別の種類の偶有性，つまり，他者という偶有性と継続的に直面する機会を設定してみてはどうか。「別のものを見て，思ってもいなかったことを言い出す」他者に直面することは，（たとえば，図上演習で）「真理」や「合意」という形で想定済みの災害に触れる体験よりも，はるかに，想定外の災害に不意打ちを食らう体験に近いのではないだろうか。

以上を踏まえれば，「クロスロード」が，複数の局面で，他者の偶有性に触れる機会を提供するメディアとなっていることがわかる。まず，第1に，単独のゲーム実施場面だけに注目しても，多くの参加者が意見の多様性を感じたという質問紙調査の結果（矢守・吉川・網代，2005）にあらわれているように，異質な状況付与をなす他のプレーヤとの出会いという形で，他者の偶有性を感受する機会が実現している。特に，少数意見を尊重するルールの採用によって，自らの状況認識を裏切る他者との対話の可能性はいっそう高まるよう工夫がなされている。

なお，この点に関連して，「クロスロード」は，しばしば「ゲーム感覚で楽しく学べる」と評されるが，「ゲーム感覚」という形容の意味を，単にユーザーフレンドリーなメディアである点に帰してしまうとゲーミングという技法の本質を逸することになる（第1部第2章の「シリアスゲーム」に関する記述も参照）。そうではなく，「クロスロード」の利用者が，少数意見に特別なポイントが与えられるルールを念頭に，「ポイント狙いで意表を突いてもいい」（中日新聞社，2006）と述べているように，ゲームという形式を借りることによって，あえて現時点における多数意見に異を唱えること，あるいは，常識的な理解の死角を見いだそうとすることによって，偶有性が顕在化しやすくなる点にこそ，「ゲーム感覚」の意義はあるといわねばならない。この点は，集団意思決定の分野で活用されてきた devil's advocate や debating の技法（たとえば，蜂屋（1999）を参照）にも通じるし，また，近年多様な分野に適用されて注目を集めている「説得納得ゲーム」（たとえば，杉浦（2005））も同じ発想を共有していると思われる。

第2に，「クロスロード」では，個々のゲームプレイ場面だけでなく，ゲー

ムコンテンツを作成するプロセスにも他者との接触が盛り込まれている．すなわち，「要援護者編」，「感染症編」といった新しいバージョンの開発は，研究者，自治体の実務担当者，地域住民の共同作業で進められている（第4部参照）．この作業では，地域固有の防災上の課題や防災とは異なる領域におけるリスク管理上の課題を，「クロスロード」という共通のフォーマットで表現することが試みられる．この過程では，専門家対実務者，地域A対地域Bといった形で，互いに異質な他者との出会いを避けて通ることはできない．すなわち，たとえば，「思ってもいなかった」地域事情を聞かされるなど，自らの防災観やリスク観に想定外があったことに気づかざるを得ないのである．

第3に，―もっとも重要なこととして―「クロスロード」は，こうした想定外の感覚を伴う対話を，単独のゲーム場面における対話にとどめることなく，場所を越えてインターローカルに，時間を越えてインタージェネレーショナルに，所属機関や立場のちがいを越えてインターセクショナルに，それぞれ拡大させる性質をもっている．具体的には，単独のプレイ場面の枠内では合意を得られたかに見える設問についても，他地域でプレイされることによって，新たな他者との対話が実現する．そして，実際に，元のプレイ場面では考えられもしなかった状況付与や解決案が同一の設問に対して提示されることがある．さらに，元のプレーヤたちも，たとえば，「クロスロード新聞」や「ファシリテータの集い」（第2部第1章）を通してその事実を知ることができる．これは，他者の偶有性に直面する体験が，インターローカルに継続していくケースである．

また，神戸市でのプレイ（第2部第1章）に典型的であるように，阪神・淡路大震災当時，現実に災害対応にあたった神戸市職員が，十数年後，震災当時はまだ入庁していなかった若手の職員と「クロスロード」をプレイすることによって，まったく新たな，想定外の視点を獲得することもある．そして，この過程は，次々に新しい職員が入庁するたびに営々と継続する．これは，「クロスロード」が媒介する他者との出会いが，インタージェネレーショナルに継続している事例と考えられる．さらに，自治体関係者と地域住民，さらに研究者がともに参加した「クロスロード」では，同一の問題に対してまったく異なる状況付与がなされることも多い．実際，防災担当者と一般住民との間には，同一の設問に対する回答傾向に大きな違いがあることもわかっている（第2部第

3章)。こちらは，所属機関や立場の違いを越えたゲーミングの場が，関係者を互いに互いにとっての他者として，インターセクショナルな偶有性の感覚(「こんな風に考える人たちもいるんだ」)を生んでいる例である。

4 「終わらない対話」とは何か

　ここまでの議論を踏まえて，本章で提起する「終わらない対話」とは何かを明らかにすることができる。上で見てきたように，「クロスロード」を用いた実践は，単発的なゲーム場面にとどまらず，次々に新たな他者と出会うことによって，想定外に直面し続け，偶有性の感覚(「こうではない可能性もあったのだ」という感覚)が磨耗することを抑止する特徴をもっている。本章で提起している「終わらない対話」とは，まさにこのこと，つまり，他者を介した偶有性(想定外)との直面が「終わらない」ことを目的とする対話のことである。いいかえれば，「真理へと至る対話」や「合意へと至る対話」が，それぞれ，そのゴール地点となる真理や合意へと至ることによって偶有性が潜在化され，対話が終わることを目指しているのに対して，「終わらない対話」は，まったく逆に，新たな偶有性を常に求め続けること，つまり，対話が終わらないこと自体を目指した対話なのである。

　さて，ルーマンのリスク論に，"Verständigung"という概念がある。これは，「意思疎通」や「合意形成」を指す用語のように和訳・紹介されることもあるが，実際にはまったく異なる。ルーマンは，現在，多くのリスク・コミュニケーション論が，明示的に，あるいは暗黙裡に依拠している，(専門家と一般市民との対話による)合意形成，つまり，コンセンサスづくりによるリスク問題の解消に対して懐疑的である。だから，この概念は，他者と「意思疎通」，「合意形成」することの危険を，むしろ警告する用語であると考える必要がある。小松(2003)が指摘しているように，ルーマンは，"Verständigung"という概念で，「一方が他方によって互いに説得されずに進捗する意思疎通という政治文化の成熟」に期待を寄せているのである。これは，本章で用いてきた用語系でいえば，われわれが，真の意味における他者との対話，すなわち，完全に説得されえない(逆に，説得しきれない)他者との対話を通して偶有性の感覚を保持し

続けることを指している。この点で、"Verständigung"の概念は、いつ来るかもしれない未来の災害に備えて、他者との「終わらない対話」を持続させようとする「クロスロード」の試みの本質を巧みに言い当てたものといえるだろう。

5　3つの対話の関係

　本章を閉じるにあたって、本章で導入した3つの種類の対話、すなわち、「真理へと至る対話」、「合意へと至る対話」、「終わらない対話」の間の論理的な関係を整理しておこう。同時に、「クロスロード」が、本章で導入した「終わらない対話」を支援するメディアであると同時に、「真理へと至る対話」、および、「合意へと至る対話」を促す機能をあわせもった重層的な対話メディアである点を指摘しておこう。

　本章では、専門家と非専門家との間の対話を3つの種類に分類した上で、一見、それぞれが排他的であるかのように論じてきた。かつ、「合意へと至る対話」は「真理へと至る対話」よりも望ましく、「終わらない対話」は他の2つよりも優れているかのような記述も行ってきた。しかし、これは、3つの類型それぞれの特徴をより明瞭に区別するための便法であって、実際には、3つの類型は、図3-1に示したような形で重層構造をなし相互補完的な関係にある。

　まず、「真理へと至る対話」と「合意へと至る対話」の関係である。ここで、

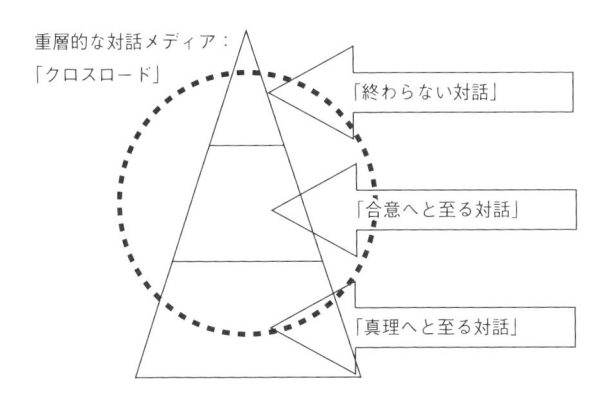

図3-1　3つの対話が成す重層構造と「クロスロード」

前者は，その定義（1節）にみられるように，それ自体，専門家のコミュニティにおける合意を踏まえた対話であることに注意する必要がある。この限定的な合意（「真理」）に基づいて生みだされる「真理へと至る対話」が，やがて，その一般的な形態，すなわち，より広範な人びとが関与する「合意へと至る対話」へと発展することは論理的にも自然であるし，現実にもその方向で推移してきたことは1節で述べた通りである。

次に，「真理へと至る対話」，「合意へと至る対話」と「終わらない対話」との関係である。重要なことは，偶有性（想定外）との直面が終わらないことを目的とする「終わらない対話」が意味をもつためには，その論理的前提として，「これですべて」（3節参照）という感覚，つまり，すべてを想定したという実感が，真理や合意という形ですでに得られている必要があるという点である。「他でもありえた」という偶有性の感覚を生き生きとした形で実感するためには，それに先だって，「これですべて」という感覚を獲得していることが必要である。つまり，「真理へと至る対話」や「合意へと至る対話」が成立してはじめて，「終わらない対話」がその真価を発揮するのである。

同じことを防災実践の脈絡で例示すれば，以下のようである。防災実践では，一方で，「真理へと至る対話」や「合意へと至る対話」によって，災害事象の不確実性を低減する必要がある。すなわち，防災マニュアルや防災計画といった形で，可能な限り，想定外を想定内へと組み込んでいく必要がある。しかし，—3節で強調したように—この作業は，その副産物として，すべての偶有性を完全に封じ込めたという思いこみ，つまり，「リスクがないリスク」を生む危険をはらむ。この危険に対処するための営みとして，本章にいう「終わらない対話」が，前2者を補完すべく同時並行的に要請されるのである。

以上の意味で，「真理へと至る対話」は「合意へと至る対話」の基盤を提供するし，「終わらない対話」は「真理へと至る対話」や「合意へと至る対話」の存在を前提としてはじめてその有効性を発揮する。3者は，このような重層的関係にあると考えられる[4]。

6 重層的な対話メディアの重要性

　3つの対話を推進するメディアとしてのゲーミング技法についても，本章では，個々の技法はそれぞれ3つの対話のいずれか一つとだけ結びつくかのような記述を行い，「クロスロード」は，「終わらない対話」だけを支援するメディアであるかのように位置づけてきた。しかし，冒頭でも予示したように，実際には，「クロスロード」は──一般的には，多くのゲーミング技法は──，その活用方法に応じて，本章で区別した3つの対話類型の複数個を同時に推進可能な重層的なメディアであると考えるべきである。最後に，この点について説明しておこう。

　「クロスロード」は，まず，「真理へと至る対話」を支援するメディアとして機能させることも十分可能である。特に，ゲーム手続き（第1部第1章，および，矢守ら（2005）参照）において，解説書を通して問題カードのもとになった語りや参考資料（専門家のコメントや統計資料など）を参照するフェーズを重視すれば，こうした性質にウェートをおくことになる。たとえば，防災に関する社会的関心が低い地域で，「まずは興味をもってもらうこと」を目標に掲げる自治体関係者や，「基礎的な知識だけは身につけて欲しい」といったニーズをもつ専門家が「クロスロード」を活用している事例では，こうした利用方法がとられていることが多い。

　他方，たとえば，特定の地域で，特定の課題に対するローカルな対処法を確定するための手段として「クロスロード」を活用する場合，それは，「合意へと至る対話」を促すメディアとして位置づけられていることになる。具体的には，ゲーム手続きのなかで，合意された事項を確認したり，集団決定法と類似の形式で個別の達成目標を表明する段階をハイライトするケースである。実際，首都圏直下型地震，東南海・南海地震への対処など喫緊の災害対策が求められている地域では，こうした活用法が多く見うけられる。

　以上のように，「クロスロード」は，直面する問題の性質，現場ニーズの違いなどに応じて，その活用法を変化させることができる。たとえば，急いで解決案を見いだすべき問題か長期的な視点に立って取り組むべき問題か，専門的な知識・技術が一般にも比較的普及している問題かそうでない問題か，といった

要因である．同時に，ゲーミングに参加するメンバーの構成によっても，そこで生じる対話のありようは大きな影響を受ける．たとえば，地域住民が多数を占めるゲーム場面に自治体関係者や専門家が少数混在すれば，ファシリテーションのあり方によっては，自治体関係者や専門家が主導する「真理へと至る対話」が支配的になる可能性もある．しかし他方で，3節の末尾で触れたように，参加者間の立場の違いが「終わらない対話」を生む原動力になる可能性もある．いずれにせよ，このように多様な活用方法がありうることが，「クロスロード」が防災初心者から自治体関係者や専門家まで幅広いユーザーを獲得できた大きな理由だといえよう．

　さらに，同じ理由から，「クロスロード」は，特定の地域における防災実践に関心を有する実践家，すなわち，ルーマン（1991a）のいう「ファースト・オーダーの観察者」から，防災実践のあり方を俯瞰的に見つめようとする社会科学系の研究者，同じく「セカンド・オーダーの観察者」まで，多くの人びとの関心を集めてきた．いいかえれば，「クロスロード」は，複数の機能を有する重層的な対話メディアであることに負うて，「真理へと至る対話」，「合意へと至る対話」，「終わらない対話」のいずれか一つに偏ることなく，現場のニーズに呼応して，多様な対話を実現してきたのである．

注
1) 本章の内容は，「『終わらない対話』に関する考察」（日本グループ・ダイナミックス学会機関誌「実験社会心理学研究」46巻2号に掲載）を一部改変したものである．
2) 図上演習は，仮想，あるいは，実際の地域を表現した地図を前に，災害の規模・種類や，被害程度，諸組織の機能状況など，さまざまな状況を具体的に付与しながら，各状況下において最適と思われる対応を専門家が教示したり，集団で討議したりするタイプの防災教育ツールである．代表的なものとして，DIG（Disaster Imagination Game）（高橋・小村, 2006）などがある．
3) だから，「クロスロード」において災害の役割を担っているのは，実は，災害状況を記述している意思決定ステートメントなのではなく，むしろ，ゲーム参加者が出会う他者たちの方なのである．ステートメントは，それが，今この時点ではすでに記述が完了しているという点において半ば偶有性を失っており，未来の災害の本質を欠いている．他方で，ゲーム参加者がこれから出会う他者は，依然として，思っ

てもいなかったことを言う可能性（別のものを見ている可能性），つまり，偶有性を保持しているからである。

4）ここでの議論に関連して，対話がまったく開始されないこと，喩えていえば，「始まらない対話」こそが問題ではないかとの疑問が生じるかもしれない。防災実践の脈絡でいえば，そもそも防災にまったく関心を示さず，それなりに提供されている「真理へと至る対話」，「合意へと至る対話」の場へと足を運ぶことすらない人びとに対する対応はどうなるのか，という指摘である。ここで重要なことは，こうした人びとが，既存の防災実践に積極的にコミットメントを示し対話に関与している人びとにとって，「別のものを見ていて，思ってもいなかったことを言う」存在，つまり，「終わらない対話」のカウンターパートになりうるという点である。言いかえれば，対話が始まらない防災無関心層に対しては，これまで，「まず，基礎知識を理解いただいて，それから身近な問題についての話し合いに参加して……」といった形で，「真理へと至る対話」や「合意へと至る対話」の場に導こうとすることが多かった。しかし，まさにこの戦略が，対話が始まらない原因であるように筆者には思える。「始まらない対話」の打開路は，むしろ，「終わらない対話」の方にあるのではないだろうか。

引用文献

中日新聞社　2006　東海地震に備える（静岡特報）―模擬体験ゲーム：クロスロード―　中日新聞（2006年9月18日付）
蜂屋良彦　1999　集団の賢さと愚かさ―小集団リーダーシップ研究―　ミネルヴァ書房
原科幸彦　2005　市民参加と合意形成―都市と環境の計画づくり―　学芸出版社
堀井秀之　2006　安全安心のための社会技術　東京大学出版会
池内　了　2005　寺田寅彦と現代―等身大の科学をもとめて―　みすず書房
川喜田二郎　1966　発想法　中公新書
小林傳司　2004　誰が科学技術について考えるのか―コンセンサス会議という実験―　名古屋大学出版会
小松丈晃　2003　リスク論のルーマン　勁草書房
Lewin, K.　1953　Studies in group decision. In D. Cartwright, & A. Zander (Eds.), *Group dynamics: Research and Theory*. Row, Peterson. pp.287-301.（原岡一馬訳　1959　集団決定の研究　三隅二不二訳編　グループ・ダイナミックス　誠信書房　pp.341-357.）
Luhmann, N.　1991a　*Risk: Sociological Theory*. New Brunswick, NJ.: Transaction Publishers.
Luhmann, N.　1991b　Verständigung über Risiken und Gefahren. *Die Politische Meinung*, **36**, 86-95.
大澤真幸　1996　虚構の時代の果て―オウムと世界最終戦争―　ちくま新書
杉浦淳吉　2005　説得納得ゲームによる環境教育と転用可能性　心理学評論, **48**(1), 139-154.

高橋　洋・小村隆史　2006　防災訓練のガイド―「頭脳の防災訓練」のすすめ―　日本防災出版社
矢守克也　2006　語りとアクションリサーチ―防災ゲームをめぐって―　心理学評論, **49**（3），512-526.
矢守克也・吉川肇子・網代　剛　2005　防災ゲームで学ぶリスク・コミュニケーション―クロスロードへの招待　ナカニシヤ出版
柳原　光　1987　Creative O. D.：人間のための組織開発シリーズ　行動科学実践研究会

第2部

現場に生かすクロスロード

第1章　ゲームという場を超えて
第2章　他の手法との併用
第3章　クロスロード質問紙版
第4章　教育技法としてのクロスロード

第1章 　　　　　　　　　　　　　　　　　　　　　　　　　吉川肇子

ゲームという場を超えて

1　マルチメディアに展開するということ

　5人1組の机上訓練（tabletop exercise）として開発したクロスロードだが，その後ゲームという場を超えて，多様な媒体（メディア）を使って展開されている。それらのメディアがどのように使い分けられ，また併用されているのかをここで紹介する。また，そのことによって，どんな効果を生んでいるのかを考えてみる。

　一般的に教育訓練用のゲームは，そこに参加している人々にとっては，印象的な，おそらくは忘れがたい体験をもたらす（たとえば，Nakamura（1992）は，その体験を率直に語っている）。他方，ゲームに参加したことがない人にとっては，その意義もよくわからないし，体験の共有も難しいという欠点がある。

　クロスロードにも同様の欠点がある。また，たとえクロスロードを体験して，参加者同士で問題の共有や意見の交換ができたとしても，さらに問題の検討を深めたり，新しい解決方法を考えたりするというような，学習を進めていくことが1回限りの研修のような場では難しい。地域の状況によってはそういうことが可能な場合もあるが，多くの場合，学習を継続していくこととは困難な場合が多い。

　筆者らは，当初からクロスロードは防災関係者の「全体的底上げ」のためのツールであると認識していた（矢守ら, 2005）。まず，それぞれの領域において，どのような問題があるのかを関係者間で共有することが重要であると考えたのである。この意味では，どちらかといえば入門的な教育ツールと位置づけ

た。実際，この点でクロスロードは効果を上げてきたものと自負している。

　しかし，制作の当初から，クロスロードを単に入門ツールに終わらせたくないという気持ちは，われわれの中にあった。クロスロードを手がかりにはするが，それをさまざまな形で発展的に展開させることで，より深い，継続的な学習機会の提供をしたいと考えたのである。

　この考えが実現し，クロスロードが多様な展開をすることになったのは，高知県危機管理課（現在の地震・防災課）との共同作業によるところが大きい。以下では，その高知県との作業を中心に紹介していく。

2　ファシリテータの養成

　クロスロードは，当初からその市販キットの中にファシリテータ用の手引きが含まれている。また，矢守ら（2005）においても，ファシリテータの説明用のセリフも含めて詳細な手引きを添付している。

　このような手引きを準備したのは，われわれのグループが主体になるだけでなく，多くの方にゲームを実施していただきたいと考えたからである。従来の防災教育ツールは，その制作者が何らかの形で関与しなければ実施できないものが多い。それが優れたものであるほど，実施の機会が増えることが望ましいわけだが，制作者しか実施することができないということになれば，普及の機会は自ずと限定される。できるだけ多くの方にファシリテータになってもらい，実施の機会を増やすことが，クロスロードの普及，ひいては防災教育の普及につながると考えた。

　ファシリテータ用のセリフまで添付したことは，進行の仕方を制限しているようだが，本来の意図は逆である。「これを読み上げれば，ゲームを進行することができる」と思ってもらうことが大事だと考えたのである。防災に限らず，ゲームで優れたファシリテーションをする人は多いが，それがあまりに名人芸のようにみられることは，それだけ「自分にはできない」と思う人を増やすことになる。そうではなく，ファシリテータの経験の有無や，その技量に依存せずに，ゲームを進行できるようにしたかったのである。もちろん，誰でもファシリテータになれるゲームの方が良いゲームだとは断定的にいうことはできな

い．それでもなお，ファシリテーションの部分ができるだけ簡単になり，誰でも容易にできるようになれば，ファシリテータの数も増え，実施機会も増えると考えたのである．

とはいえ，一度もゲームというものを経験したことがない人にとっては，そもそも「ファシリテータ」とは何か，ということすらわからないという状況もある．そこで高知県危機管理課（当時）の提案を受けて，2004年11月4日に高知県庁正庁ホールにおいて，ファシリテータ養成研修（正式には「クロスロード・ファシリテータ研修（市町村職員等災害対応能力向上研修）」）を実施した．市町村職員の方にファシリテータとしての体験をもっていただくことで，地域にクロスロードを持ち帰って実践していただくことをねらったものである．研修のプログラムは，午前中がクロスロードの体験，午後がファシリテーション講座という形になっていた．午後の講座ではすでにクロスロードを実施された経験をもつ高知県春野町の方のファシリテーションの実演なども行われた．

このファシリテータ養成講座は，クロスロードのその後の展開につながる内容が含まれていた．ここでは主要な3点を紹介する．

第1は，参加者に研修への関心を高めてもらうために当日配布したクロスロード新聞（発刊準備号）がある．これは，その後の研修会の報告をまとめて発刊した第1号に続き，現在まで継続的に発刊している（次節参照）．

第2は，ファシリテータ認定制度を作ったことである．当日の参加者を初級として認定し，高知県危機管理課課長名で認定証を発行していただいた．危機管理課課長名で認定証を発行していただいたことには大変意味があったと考えている．防災の領域に限っても，このような研修の機会は，少なくはないと認識している．しかし，研修の場で学んできたことを現場に持ち帰って実行しようとしても，その研修の位置づけがきちんとしていないと，研修を受けた本人が職場で浮いてしまうということがあるように思う．そのようなことがないように，きちんとした修了証を，きちんとした代表者名で発行することは，研修で学んだことの実践につながるという視点から非常に意味がある．

この後，実際にクロスロードを実施すると中級認定，さらに実施回数が増えたり問題を作成して報告したりすると上級認定，というシステムを整備した．この認定制度は，初級～上級といういわば格付けのシステム自体に意味がある

表 1-1　高知県編

整理番号	あなたは……	基本設定	YES	NO
高知県編　K002	市町村の防災担当課長	9月後半。秋雨前線が台風に刺激され，午後5時頃大雨洪水警報が発表。雨はとどまることを知らず，市町村内から浸水の報告が集まっている。午後9時には時間雨量100ミリを超える雨となり，やむ様子もない。かなりの浸水が始まっている。首長に「避難勧告」発表を申言する？	申言する	申言しない
高知県編　K005	県職員	大地震後，参集基準に従い職場へ向かうが，町内で多くの家屋が倒壊している。あちらこちらで助けを求めている。近くで「家族が家の下敷きになっている。助けて！」と叫んでいる見知らぬ人がいる。しかし，職場の震災対応の業務の遅れも気になる。まずは，助ける？	助ける	仕事優先
高知県編　K006	救援物資配布の責任者	地震発生から3日目。高齢者の多い孤立した集落から，水・食料・(薬) の供給が求められた。ヘリは使えず，陸路で運ぶしかないが，余震が続き，突然の道路の崩落や土砂崩れがまだまだ心配である。警察・消防は人命救助で手がいっぱい。部下 (または民間事業者) に持っていくよう指示するか？	指示する	指示しない

のではなく，クロスロードを実施してもらう機会を増やす動機づけとなるように考えたものである（資料1-1 参照）。

　第3は，当日の進行そのものに関係しているが，高知県のオリジナルの問題を共同で作成し，これを実際に参加者に体験していただいたことである。クロスロードの地域編（ローカル版）はその後いくつか作られているが，高知県編がその最初のものである。この「高知県編」では，神戸編では扱われていないものの，高知県にとっては防災上の重要課題である津波対策，台風・豪雨災害対応などがとりあげられている（表1-1）。

　なお，「高知県編 K002」は，過去にある職員の方が実際に体験した事例がもとになっている。体験されたご本人は当日ご都合が悪くて出席できなかったが，

資料1-1　ファシリテータ進級制度の案内

クロスロードファシリテータ進級制度のご案内

チームクロスロード
（矢守克也，吉川肇子，網代剛）

　チームクロスロードでは，クロスロードのファシリテータになってくださっている皆様とよりよい交流ができますよう，このたび高知県危機管理課のご協力を得て，ファシリテータ進級制度を導入することになりました。

　進級制度は，その名前から想像されるように，技能の優劣を認定するというものではありません。むしろ，ファシリテータ研修を受講くださった方の実践を，チームクロスロードが支援するためのしくみとお考えください。進級された方は，進級証をお送りするほか，お名前を「クロスロード新聞」に掲載致します。

　進級条件は以下の通りです。ふるってご応募ください。

初級	ファシリテータ養成研修を受講された方
中級	以下の2つのどちらか一方の条件を満たされた方 (1) クロスロードを，ファシリテータとして実践し，その報告をくださった方（別添の「実践報告フォーム」をお使いください。） (2) 新しいクロスロード（ジレンマ）を作成くださった方（別添の「新作応募フォーム」をお使いください。）
上級	以下の2つのどちらか一方の条件を満たされた方 (1) クロスロードを，ファシリテータとして5回以上実践し，その報告をくださった方（別添の「実践報告フォーム」をお使いください。） (2) クロスロードを用いた（防災）研修システムの提案をくださった方 　例：防災研修プログラムのこの場面で使ってみた，授業の一環に取り入れた（この場合の報告の書式は自由です。できるだけ内容がわかるようにお書きください。たとえば授業案などをお送りいただいても結構です。）

【応募先】〒108-8345　港区三田2-15-45
慶應義塾大学商学部　吉川肇子研究室内　クロスロード・サポーター事務局
電話：03-5427-1251　Fax：03-5427-1578
メール：kikkawa@aoni.waseda.jp

ご本人を録画したビデオが上映され，問題の背景となった体験を語られた。参加者にとっては，ゲームプラス現実の体験談をきく，ということになり，当日の研修効果を高めた一要因であったと考えている。

3　クロスロード新聞

　高知県のファシリテータ養成講座がきっかけとなって，クロスロード新聞を発行することになった。これは，ファシリテータ養成講座に参加された方々と継続的に連絡や情報の共有をしたいという動機で作成したものである。したがって，当初高知県の市町村の方に配布していた。その後，他地域の方からの投稿や進級制度に呼応した報告が寄せられるようになり，連載記事も加えて，現在は2ヶ月に1回定期的に発行する体制となっている（資料1-2参照）。それにつれて配布先も全国に広がっている。2006年度からは現：高知県地震・防災課のご厚意を得て，WEB上でも閲覧できるようになった。

　記事の中心はクロスロードの実施報告である。またこれに関連して，ファシリテータの進級認定も紙上で公開されている。実施報告も，対象者や場所の情報だけでなく，実施上の工夫やファシリテーション上のコツなどが実施した経験に基づいて語られている。たとえば，ゲーム上でポイントとなる「座布団」は，通常はキットの中にある紙座布団が使われているが，これをキャンディやチョコレートにして参加者（プレーヤ）の興味を高める工夫などは，新聞紙上で報告され，現在では各地で利用されているものである。

　このほか，各地域，さまざまな業務に応じた新作問題の投稿も積極的に行われている。また，既存の問題についても，各地域での類似の体験の報告や，新しい解法の紹介なども投稿されている。

4　ファシリテータの集い

　2006年11月には大阪と東京において，クロスロード新聞の読者を中心に「ファシリテータの集い」を開催した。これは，クロスロードの公表から時間もたち，ファシリテータをやってくださる方が増えたこと，またその方たちが新

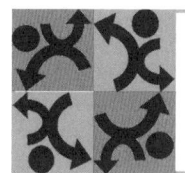

資料1-2　クロスロード新聞

クロスロード新聞
お待たせしました！「クロスロード新聞」本格発刊！

第1号　2005年12月24日

発行元：108-8345　港区三田2-15-45　慶應義塾大学商学部吉川肇子研究室内　クロスロードサポーター事務局

防災に強い味方！
クロスロードファシリテータ続々誕生！

2005年11月4日、高知県庁正庁ホールで、「クロスロード・ファシリテータ研修（市町村職員等災害対応能力向上研修）」が好評のうちに終了しました。

当日午前中のクロスロード体験に続き、午後はクロスロードをファシリテータとして実施する練習などを行いました。春野町の岡内孝之さんの模範実演に続き、グループ代表のみなさんが、高知県オリジナルのクロスロード問題を中心に、解説をしてくださいました。

参加者による解説実演の様子

研修をふりかえって：
高知県危機管理課チーフ土居内淳一さん

高知県では、11月4日に、市町村などの防災担当者を対象に、災害対応ゲーム「クロスロード」のファシリテータ養成研修を開催しました。

次の南海地震では、高知県の死者数は約9600人と想定されており、発災後の応急対応においては、数多くの難しい対応策を瞬時に決断することが求められ、判断の遅れが、さらなる人的被害の拡大につながることも懸念されます。しかも、様々なジレンマを抱え、判断を躊躇したり、決断した後に後悔するケースも多いものと予想されます。

そうした対応を強いられるであろう防災担当職員にとって、今回のクロスロード研修は、今後の防災対応に、必ず役立つだろうと考えていましたし、主催者という立場ではありましたが、私自身も、今年4月に初めて、防災セクションに異動になり、経験が少ない中で、防災の仕事の難しさを痛感していたところであり、仕事を進めるうえで活かしていければと期待していました。

実際に、研修を受けさせて頂いて、クロスロードは、過去の災害事例における経験や反省を、自らの問題として受け止め、考えることができることから、思考をトレーニングし、災害対応を考えるうえで、非常に有効な方法であるとあらためて認識しました。

また、経験したジレンマや災害時に想定されうるジレンマを、新しいクロスロードとして作成し、共有していくことも、重要だと感じました。

今回、新たに導入された進級制度により、受講者全員がクロスロード・ファシリテータの初級認定を受けました。中級、上級へ進級することもできる制度となっており、今後、それぞれの職場において、業務の中で取り入れながら、お互いが進級していければと期待しています。今世紀前半にも発生が予想されている南海地震への対策につながっていければと考えています。

目次

続々認定ファシリテータ	1
研修をふりかえって：土居内淳一さん	1
クロスロード進級認定者名簿	2
高知県の多才な人々	3
先を越された！	3
クロスロード実践報告	4
クロスロード新作問題	5
こんなところに心理学(2)	5
クロスロード裏話	6
「大ナマジン」すごろく新発売！	6
経験を引き継ごう！	6

クロスロード次号のご案内
発行予定日：2．28．

みんなはイエス？ノー？
お待ちかねクロスロードアンケート全国集計発表！

責任編集
- チームクロスロード
- クロスロード・サポーター

SPECIAL THANKS
高知県危機管理課
小濱智子（漫画企画）

クロスロード「裏」話

　本には書けなかったクロスロードの裏話、この新聞の裏にお届けします。話の裏も是非読んで下さいね。
　クロスロード、ルールはシンプル。でも、取り組み方はさまざま。たとえば、ポイント（点数）を数える道具として使っているお馴染みの「座布団」ですが、ある年配以上の方は、『笑点』よろしく、ついつい積み上げてしまう方が多いようです。10枚たまったら…と想像している方もおられるようです。
　でも、こんな方もいらっしゃいました。それは、ある小学校の先生でした。その方は、自分の意見を表明し、議論し終わった問題カード1枚1枚に、そのカードで手に入れた座布団を丁寧に対応づけて並べておられたのです。こうすることで、「自分は、この問題カードでは青座布団をもらった。でも、ほんとにその意見でよかったのだろうか」、あるいは、「この問題カードでは一人少数派になって金座布団をゲット。ほかの人たちはどんな理由で反対されたんだっけ？」……後から思い起こせるから、らしいのです。これには私たちも大いに考えさせられました。やりっぱなしではなくて、ゲームが終わったら、自分や同じグループの方がどんな決断をしたのか、もう一度思い返してみることも大切ですね。

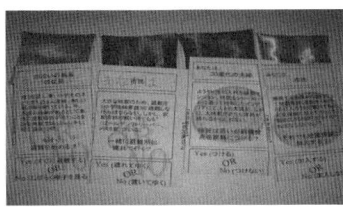

ざぶとんに「座る」カードたち

はみ出しコラム：私の「とほほ」クロスロード

　クロスロード番外編。災害対応以外でも、「あれかこれか」と迷うジレンマ、あなたにもありませんか？
　そんな日常生活のちょっとしたジレンマもお寄せください。たとえば、こんな「とほほ」なものも。
　えっ？誰のジレンマかって？あなたの隣の席の「あの人」のかも？？

私は	三十代後半のOL「めのした・くまこ」です。
ジレンマの起こる状況	災害対応やたまった仕事を片付ける残業が続き、家事が夜できない。低血圧で朝起きにくいうえに、出がけに何でも家事を片付けておこうとし、出勤前の短い時間帯は「家事」と「身支度」の優先順位に悩む。本日は、出勤時間にあと5分のゆとりしかないか、洗濯機で洗濯ができあがったとブザーが鳴った。が、まだ化粧もしていない。洗濯物を干すのを諦めて、化粧をする。
YESの答え	化粧をする。
NOの答え	洗濯物を干す。

クロスロードの●●族：きっとあなたの隣にも。。。

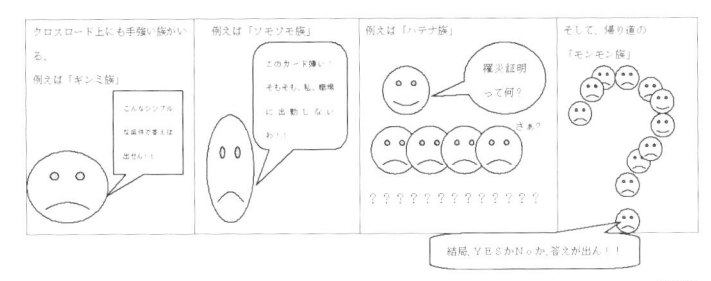

クロスロード上にも手強い族がいる。

例えば「キンミ族」
「こんなシンプルな条件では答えは出せん！」

例えば「ソモソモ族」
「このカード嫌い！そもそも、私、職場に出勤しない！」

例えば「ハテナ族」
「罹災証明って何？」「きぁ？」「？？？？？？？？？？」

そして、堂々巡りの「モンモン族」
「結局、YESかNoか、答えが出ん！！」

54　第2部　現場に生かすクロスロード

写真 1-1　ファシリテータの集い（1）　　写真 1-2　ファシリテータの集い（2）

聞紙上で情報交換をされているが，対面での情報交換も重要であると考えて開催したものである。当日は，高知県や神戸市，呉市などのクロスロード公表初期から利用されているファシリテータの方々を中心に実践報告を行ってもらい，クロスロードの使い方や長所・短所などについても率直に意見交換をした。新聞紙上では語られていない実施上の工夫なども，情報提供され，参加者の間で共有された（写真 1-1, 1-2）。

　このファシリテータの集いおよび新聞の WEB 化と相前後して，WEB 上でファシリテータが進行用の資料をダウンロードできる仕組みを整備した。クロスロードの進行にはパワーポイントが使われることが多いため，問題やクロスノート，背景となる基礎情報などがパワーポイントデータで提供され，ダウンロードすることが可能になっている。

5　時間を超えてつなぐ

　大変ありがたいことだが，神戸編の生みの親ともいうべき神戸市職員の方々が，「神戸クロスロード研究会」を結成してくださり，職場内での非公式な研修会でクロスロードを実施してくださっている。さらに，最近は他の自治体の研修も引き受けて，阪神・淡路大震災の体験をクロスロードを使って伝えてくださってもいる（写真 1-3, 1-4 参照）。

　また，神戸クロスロード研究会では，クロスロードをオリジナルルールで使うだけでなく，グループ間での意見分布がどうであったかについても，記録・

第 1 章 ゲームという場を超えて　55

写真 1-3　クロスロード研究会によるクロスロード（1）

写真 1-4　クロスロード研究会によるクロスロード（2）

写真 1-5　グループの意見分布

対照して，ふりかえりで使うなどというような独自の工夫もされている（写真 1-5 参照）。また，クロスロード終了後には，必ず感想を「紙に書く」というルールも使われている。これは，紙に書くという作業が，クロスロードの体験を改めて考えるために重要であると考えられているからと伺っている。そのほかにも細かい実施上の工夫が多くなされており，制作者としてはありがたい限りである。

クロスロード新聞やファシリテータ養成は，異なる地域同士をつなげていく，いわば横への展開である。これに対して，神戸クロスロード研究会がやってくださっていることは，時間を超えた縦の展開である。十数年を経て，すでに震災の体験を知らない市職員が1/4ほどにもなっているという現状で，震災の教訓を伝える一つのツールとしてクロスロードを使ってくださっている。

実際職員研修に参加されているプレーヤの中には，職員として災害対応業務を体験された方もあれば，体験されていない若い方もある。グループ単位の話し合いの中で，自然と体験された方の話を聞くことになる。また，全体のふりかえりの中では，「実際はどうだったのか」が，研究会のメンバーによって語られている。

神戸クロスロード研究会がされていることは，「教訓を伝える」という以上の意味があると思う。もし，単に教訓を伝えるというだけなら，クロスロードを使う必要は必ずしもないといえるだろう。自らの体験をそのまま語ってもらえればよいからである。クロスロード神戸編はまさにその語りから生まれたものである。あえてそうせずに，クロスロードというゲームにいったん置き換えて教訓を伝える作業をされていることの意味は，とても重いことだと考えている。

「災害の教訓を後世に伝える」と言うことは，簡単である。しかし，現実にはそれほど簡単ではない。多くの人が忘れ，また風化してしまった災害の教訓や体験も少なくない。ひとたびそのようになってしまえば，それを掘り起こし，また伝え続けるのは容易ではない。クロスロードというメディアに置き換えて，それを継続的に行ってくださっている努力に改めて感謝したい。

引用文献

Nakamura, M. 1992 ISAGA'91: An unforgettable experience. *Simulation & Gaming,* **23**（2），215-218.
矢守克也・吉川肇子・網代　剛　2005　防災ゲームで学ぶリスク・コミュニケーション　―クロスロードへの招待―　ナカニシヤ出版

第 2 章　　　　　　　　　　　　　　　　　　　　　　　矢守克也

他の手法との併用

　「クロスロード」は，もちろん，単独での利用が可能な防災・減災実践ツールとして開発，設計されており，現実にも単独のツールとして活用されることが多い。しかし，たとえば，防災マニュアルの点検，防災マップづくりなど，これまで防災・減災の実践の場で活用されてきたツール，手続きと組み合わせて利用することも十分可能であるし，十分計画を練って活用すれば，さらに大きな相乗効果を生みだすポテンシャルを有している。本章では，そのような試みを2つ紹介する。

1　防災ワークショップの一環として──岸和田市の事例

　本節で紹介する大阪府岸和田市での実践は，地域住民が参加する津波防災まちづくりのワークショップのひとこまとして「クロスロード」を導入し，大きな成果をあげた事例である。具体的には，この事例では，「クロスロード：市民編」（その一部）を，津波防災をテーマとした連続3回（数ヶ月間）にわたるワークショップのプログラムの一部（導入部）として活用している。すなわち，自分たちが暮らす地域における津波防災について具体的に検討する前に，「クロスロード：市民編」を用いて，津波防災に関わる問題点を整理し，かつ，「地域の何を調べる必要があるのか」，「住民間で何を決めておく必要があるのか」について具体的なイメージを形づくることを意図したわけである。

[1] 津波防災まちづくりワークショップ

　このワークショップは，大阪府，岸和田市，（株）エイトコンサルタント，京都大学防災研究所の岡田憲夫教授のグループにより主導されたものである。対象地域は，だんじり祭りで有名な大阪府岸和田市の沿岸に位置する浜校区とよばれる地域（7つの町から構成され，人口約4500人）であり，計3回にわたるワークショップに，のべ150人の住民が熱心に参加した[1]。岸和田市，特に，海岸沿いに位置する浜校区は，今後，30年以内の発生確率が50～60%とされる東南海・南海地震が発生した場合，最大で震度6弱の揺れに見舞われるとともに，地震発生から90分後に50～100センチの津波に襲われると想定されている。さらに，2004年末のインド洋大津波の衝撃的な映像も影響して，従来から説かれてきた地震対策の重要性とともに，限られた時間内に，しかも平時とはまったく異なる状況下で（地震による被害がすでに出ている可能性がある），迅速に避難すること，すなわち，津波防災が喫緊の課題となっていた。さらに，狭隘な路地が多いこと，高齢者も多く居住していることから，避難をより確実なものとするために，「自分の身は自分で守る」，「高齢者など災害時要援護者に対しては地域で支えあう」といった自助・共助のとりくみの必要性も認識されていた。

　そこで開催されたのが，住民・行政・専門家が参加する津波防災ワークショップである。合計3回にわたったワークショップの全容を図2-1に示す。図2-1からわかるように，このワークショップは以下の流れとなっている。まず，基調講演とゲーミング型のグループワーク（「クロスロード」）を通じて基礎情報と問題意識を共有する（第1回）。次に，町歩き（わがまち総点検）と被害予測シミュレーション（防災まちづくり支援システムシミュレーション）を通じて，地域の長所（活用できる資源など）と短所（脆弱な箇所など）を実際に目で見てまたビジュアルに把握して，その結果を，「防災マップ」に集約する（第2回）。さらに，それらの成果を現実に実行するため，地域ごとに行動指針（防災ルール）を作成すると同時に，防災対策（耐震診断，家具転倒防止機具の設置）を実行する（第3回）というものである。

　「クロスロード」は，このうち，第1回で活用されている。具体的には，地域における津波防災をテーマとした本ワークショップに適したアイテムとして，

津波防災まちづくりワークショップの流れ【全3回】

第1回ワークショップ　　平成17年12月10日(土)

＜ワークショップのポイント＞
　○地震災害の再認識
　○自助・共助の重要性の認識
＜内　容＞
　○基調講演
　○防災ゲーム【クロスロード】
　○防災まちづくり支援システム
　　デモンストレーション

> みんなで聞いて、考えようまちの防災対策

第2回ワークショップ　　平成18年1月29日(日)

＜ワークショップのポイント＞
　○地区の課題整理
＜内　容＞
　○わがまち総点検
　○防災まちづくり支援システム
　　シミュレーション
　○防災マップの作成

> みんなで見て、考えようまちの防災対策

第3回ワークショップ　　平成18年2月26日(日)

＜ワークショップのポイント＞
　○対策検討
　○今後の取り組みの検討
＜内　容＞
　○防災マップ・ルールの作成
　○防災まちづくり支援システム
　　シミュレーション
　○防災対策について
　　（耐震診断、家具転倒防止器具等）

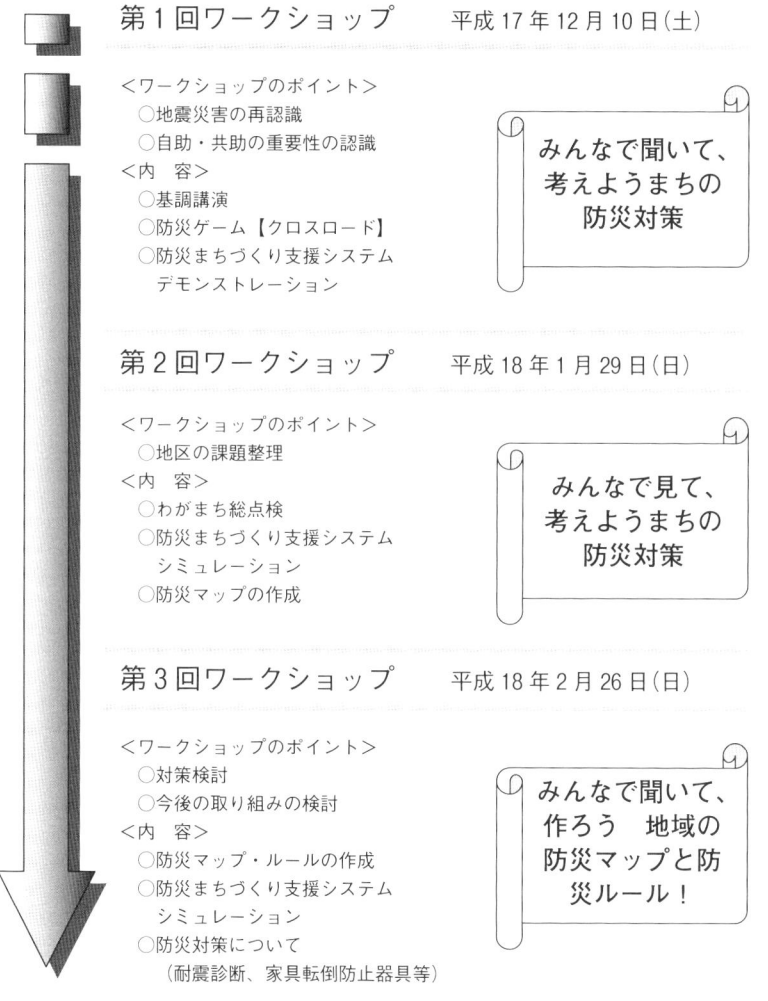

> みんなで聞いて、作ろう　地域の防災マップと防災ルール！

図2-1　岸和田市ワークショップの全体像

「市民編」に含まれる5005番のコンテンツ（「あなたは海辺の集落の住民。地震による津波が最短10分でくるとされる集落に住んでいる。今，地震発生。早速避難を始めるが，民生委員としていつも訪問している近所のひとり暮らしのおばあさんが気になる。まず，おばあさんを見に行く？」）を活用した。当日

写真 2-1　岸和田市ワークショップでのゲーム実施場面

は，写真 2-1 に示したように，ほとんどの参加者が地域住民であることを踏まえ，議論の内容を理解しやすくするため，イエス／ノーそれぞれの意見は「クロスノート」ではなく，付箋紙に明記しそれを模造紙上のイエス／ノー別に配置した。かつ，この設問に関連する地域（浜校区）の問題点や問題解決へ向けたアイディアを記入する欄も設けた。

ゲームの結果は，参加した 35 名中，イエス 19 人，ノー 16 人と拮抗したが，この意見分布そのものに大きな重要性はない。むしろ大切なことは，ゲームを通じて参加者（住民）から提起されたさまざまな問題点やアイディアである。表 2-1 は，それらをまとめたものである。

表 2-1　岸和田市ワークショップで参加者から出された提案

- 顔を見れば助けないわけにはいかないが，隣や逃げる道沿いという条件が必要
- 津波の到達予想時間の長さにより，対応が変わってくる
- 公民館等を活用して，避難場所を増やす
- だんじり小屋や公共施設などに車イスや担架などを置き，災害時には，使用できるようにしておく
- 身体の不自由な人を乗せられるようなモノを用意しておく
- 災害無線などの防災情報施設を整備する
- 隣組単位の防災組織をつくる
- 町内の一人暮らしの人を把握しておく
- 祭礼団体での協力組織をつくる（世話人，若頭，20 人組（若中），青年団…等）
- 避難の声かけを役員が行う（役員，組長，婦人会，老人会…等）

ここで注目したいのは，まず「津波の到達予想時間の長さにより，対応が変わってくる」や「顔を見れば助けないわけにはいかないが，隣や逃げる道沿いという条件が必要」という意見に見られるように，岸和田市における津波の具体的な来襲予想（設問では10分であるが岸和田市は90分と想定）や，町の地理的条件（避難所はどこか，どのルートで避難するのか）に関心が向けられていることである。さらに，「公民館」，「だんじり小屋」，「祭礼団体（世話人，若頭，20人組（若中），青年団）」など，避難の問題が，浜校区の固有の名称を用いて語られていることも重要である。

[2] 地域の具体的問題解決の支援ツール

以上のことは，「クロスロード」は，単に，仮想地域における仮想的な問題解決を考えるためのツールにはとどまらないことを示している。適切な補助ツールやファシリテーション（浜校区の問題点やアイディアを記入してもらう欄を準備し，実際に，当日はファシリテータがそれを参加者に促した）さえ整えれば，「クロスロード」を特定の地域における具体的な問題解決へと接続できるのである。同じことを反対側から述べれば，「クロスロード」という呼び水を利用することによって，町歩きなど，地域に目を向けてもらうために従来から活用されてきたツールの効果性をいっそう高めることができる，ともいえる。なぜなら，何のために（何を知ろうとして，何を解決するために）地域を歩くのかを，「クロスロード」の体験が，予め明確にしてくれるからである。

実際，上記のステップを踏むことによって，このワークショップでは，「近所の高齢者の居場所が具体的に把握できているか」，「実際に助けに行けるのか，たとえば，路地が倒壊家屋で塞がってしまう可能性はないか」，「自宅から高齢者宅を通って避難所まで何分かかるのか」といった，津波避難時の具体的問題への関心を自然な形で高めることができた。その結果として，この後導入された「防災まちづくり支援システムシミュレーション」への関心は非常に高まった。このシステムは，現在想定されている地震・津波が発生した場合，浜校区で，どの程度の家屋が倒壊するのか，どの路地が閉塞するのかなどを具体的に提示してくれるものだったからである。

さて，第2回のワークショップで実施された「わがまち総点検」と防災マッ

写真 2-2　岸和田市浜校区内のだんじり小屋

プの作成にも，「クロスロード」の成果は生かされている．すなわち，「わがまち総点検」と称する町歩きは，表 2-1 に掲げた具体的な問題意識をもって行われている．当日は，筆者も，7 町の一つである中北町の住民の方とともに，車椅子を押しながら歩いた．要援護者の避難時に生じる問題を，現実の空間で探るためである．実際，歩いてみると，幅 2 メートルにも満たない路地がかなり存在した．かつ，プロパンガスのボンベやエアコンの室外機などが思いがけない障害物となりうること，あるいは，上記のシミュレーションの想定通り，古い木造住宅は津波の来襲以前に，地震による揺れに対して脆弱であることを認識させられた．しかし他方で，町の駐車場が緊急時にオープンスペースとして，集合場所，軽傷者の治療，炊き出しなどに有効活用できそうなこと，築年も浅い 3 階建ての家屋は個人宅であってもいざというとき，一次避難所となりそうなこと，などの発見もあった．

　筆者にとっても，また表 2-1 に掲げた問題意識をもって参加した住民にとっても，重要な発見（あるいは，再認識）であったのは，地域がもつ資源を，津波避難において有効活用する必要性である．たとえば，岸和田市のシンボルとも言えるだんじり祭で使用するだんじりは，ふだんは，だんじり小屋に格納されている．多くのだんじり小屋は，写真 2-2 のようにコンクリート製で高さも 2 階建て家屋を超える．したがって，それ自体，津波来襲時は最後の砦となってくれるかもしれない．しかも，内部には，5，6 メートルはあるハシゴ，木

造家屋の玄関ドアくらいなら打ち破れそうな大きなハンマー，だんじりを持ち上げるためのジャッキ，バール，ロープなどが装備されていて，一大防災拠点とすることが可能との認識をみなで確認することができた。同時に，以上述べたような既存の装備を利用するだけでなく，担架やリヤカー（できれば，車椅子）を置いておけば津波避難時に有効ではないか，可能なら自治体から補助を得て独自の防災無線を町の会館やだんじり小屋に設置してはどうか，など新しい提案も出た。さらに，町の会館，町営の駐車場（約50台収容），小さな公園も，一次避難所，けが人の手当などに活用可能と判断された。

　以上のような施設・装備（ハードウェア）だけでなく，ソフトウェアについてもいくつかの提案が出された。たとえば，表2-1にもある通り，だんじりのための組織を，津波避難のための組織として活用するプランや年末に青年団がとりくんでいる夜警団の活動を活かすプラン，あるいは，昼間，高齢者の比率が高くなることを踏まえて，隣町に位置する食品加工工場の従業員と協力関係を築く案などである。

　その後，ワークショップ（主に，第3回）では，こうした町歩きの結果を防災マップとして表現するとともに，各町から提案された防災対策上のアイデアを，町ごとの「防災ルール」として集約した。と同時に，津波対策の前提として家屋の地震対策が肝要であるとの認識にたって，各家庭で，あるいは，地域で協力して実行可能な対策として，耐震診断，家具転倒防止機具の設置について，具体的な方策を学んだ。この結果，ワークショップの一次的な成果として，第3回のワークショップが終了する時点ですでに，参加者の43.6%が非常持ちだし袋を実際に準備し，41.0%が家具の転倒防止を行った。また，7.7%が耐震診断を受けたことがわかっている。

　以上のように，「クロスロード」は，防災・減災実践に関わるその他の手法・ツールと連動させて活用することで，単独で利用する場合と同様，大きな効果をあげることができる。また，「クロスロード」は，仮想的な事態における想定学習ではなく，現実的な問題解決を促すツールとしても有効である。ただし，より有効に活用するためには，本節で例示してきたように，「クロスロード」の設問を地域の具体的な問題へと接続するよう計画的にファシリテーションを行うこと，問題を可視化し具体化をするためのツール・方法として，防災マップ，

被害想定シミュレーション，町歩きなどを併用することが重要である。

2 DIG（図上演習）との併用─高知市の事例

「クロスロード」は，その手続きが単純で，かつ可塑性が高いので，DIG（Disaster Imagination Game；詳しくは，高橋・小村（2006））など，地図を活用した防災演習と組み合わせて活用することも可能である。

たとえば，今西（2006）は，高知市健康福祉部（職員約480名）を対象とした研修会について報告している。同部では，まず平成16年度に，高知市が直面する災害を理解することを目指し，南海地震に関する基礎知識と被害想定を学習することを中心とした講習（60分程度），および，DIG（120分程度）をそれぞれ前半と後半に配した研修会を実施した。研修会は大きな成果を上げたが，事後のアンケートには，「実際の行動（家族・地域・職場）の研修をしたい」との要望や，「（講習会やDIGによって）確かに，災害のイメージは膨らんでも，肝心の『行動』の部分が弱かった」との意見も提示された。

そこで，翌年度の研修会で試みられたのが，DIGに「クロスロード」を組み合わせたプログラムであった。設問は，「神戸編」，「市民編」に含まれる既存の問題を，同部の問題意識に合わせて若干修正したものが用いられた。具体的には，「あなたは，幼い子供をもつ職員です。未明の大地震で，自宅は半壊状態。自分にはケガはなかったが，子供が怪我をした。怪我をした子供が，出勤して欲しくないと泣き喚く。あなたは出勤しますか。→イエス（出勤する）／ノー（出勤しない）」など，3問が用いられた。

写真2-3は，DIGによって作成された地図を前に，参加者が「クロスロード」で使用するイエス／ノーカードを手にしている場面である。また，写真2-4は，DIGと「クロスロード」の双方を終えた後に，班ごとにディスカッションの内容を報告している場面である。DIGによって危険箇所や避難所（参加者にとっては，避難場所であると同時に，災害時には職場にもなる）などを具体的にイメージした上で，「クロスロード」の設問について検討することによって，互いが互いを補い研修効果を高めている。すなわち，DIGは，「クロスロード」の判断の材料を現実的な形で提供し，反対に，「クロスロード」は，なぜ，DIG

写真 2-3　DIG による検討場面（高知市ワークショップにて）
(写真提供：高知市防災対策課今西剛也氏)

写真 2-4　DIG とクロスロード体験に基づく意見発表場面（高知市ワークショップにて）
(写真提供：高知市防災対策課今西剛也氏)

の作業が重要なのか，その根拠を与えている。

　実際，参加者からは，「クロスロードでの想定問題を考えるのはよい機会だった。その時自分はどう考え，行動するか日頃からイメージをもつことも大事。また，他人の意見も聞けてよかった」，「クロスロードはいろいろと考えさせられる点がありよかったと思います。職員が各職場に参集したときに，具体的にどのようなことをするかについて，各職場で話し合い，検討・準備できる機会があればよいと思います」など，ポジティヴな感想が多数寄せられた。

注

1) ワークショップに参加された住民のみなさま，および，ワークショップを企画，リードされたすべての方々のご努力に心から敬意を表します．また，大阪府，岸和田市，（株）エイトコンサルタントの皆さまには，図2-1と写真2-1を含め，資料提供でもご協力を賜りました．厚くお礼申し上げます．

引用文献

今西剛也　2006　DIG＋クロスロード＝??　クロスロード・サポーターの集い（大阪会場）　発表資料

高橋　洋・小村隆史　2006　防災訓練のガイド―「頭脳の防災訓練」のすすめ―　日本防災出版社

第3章

矢守克也

クロスロード質問紙版

1　「クロスロード質問紙版」とは

　本章では，防災ゲーム「クロスロード」をベースに作成した「クロスロード質問紙版」を用いて収集した調査データについて，その概要と分析結果について簡単に報告する。「クロスロード」は，ゲーミング形式の防災・減災学習ツールであり，基本的には，集団ゲームの場面での利用を念頭に置いている。また，これまで強調してきたように，各問題の「最適解（正解）」（イエスなのかノーなのか）を知ることではなく，問題構造の分析，そのための思考のプロセス，あるいは，複数の参加者によるディスカッションを通した合意の形成，視点の多様化などが重視されている。

　しかし他方で，特定の設問に対して，イエス／ノーのいずれの回答が選好される傾向にあるのかを知っておくことは，―多数の支持を受けた選択肢が「最適解（正解）」であることを意味しないのはもちろんであるが―現実に意思決定を行う必要がある当事者にとっては，有用な情報であろう。いいかえれば，これまでも強調してきたように，「クロスロード」の各問題に，いつでもどこでも通用する普遍的な「正解」は存在しないというのが著者たちの立場である。しかし，どちらの選択肢がより好まれているかに関する実状，言ってみれば，「世論」は存在する。本章で紹介する「質問紙版」は，この「世論」を探る試みである。

2　質問紙の構成と調査概要

「クロスロード質問紙版」は，ゲーム版の「クロスロード」に盛り込まれた項目を中心に，ゲーム版としては未公表の意思決定課題も含めた30項目（表3-1に主要項目を例示）について，通常の質問紙調査の形式で回答者に提示し回答を求めるものである。また，統計数理研究所が数十年にわたって継続的に実施してきた「日本人の国民性調査」（統計数理研究所国民性調査委員会, 1992）に含まれる項目から，他者に対する一般的な信頼感ほかに関する7項目を導入した（表3-2参照）。これは，これらの項目に対する回答がクロスロード項目に対する回答と相関することを予想したためである。さらに，年齢，性別，職業などデモグラフィック要因についても調査した。

以上によって，主として，3つの情報を獲得することを目指した。

第1に，質問紙調査の特性上，ゲーム形式の「クロスロード」よりも多様かつ多量のサンプルからデータを収集することが可能であり，クロスロードの各項目について，その平均的な回答傾向を基礎データとして収集することができる。また，この結果をゲーミング実施時に参加者にフィードバックすることによって，ディスカッションの基礎資料の一つとして提供することも可能である。すなわち，「正解」は存在しないとしても，各設問に対する他者の意思決定の傾向を知ることは，それ自体，意思決定者にとって非常に重要な情報である。

第2に，デモグラフィック要因とクロスロード項目との関係を分析することによって，性別，年齢別，職業別の回答傾向を明らかにできる。たとえば，同じ問題に対して自治体関係者と一般市民とでは回答傾向が異なることが明らかになれば，今後の政策決定や合意形成プロセスに有用な基礎情報となる。

第3に，他者に対する信頼感に関する項目とクロスロード項目とを総合的に分析することによって，たとえば，公と私のバランス感覚，短期的なベネフィット対長期的なベネフィットなど，一見多様に見える諸々のクロスロード項目（トレードオフ課題）を通貫する基本的な態度構造を明らかにすることができる。

現段階までに収集したデータの総数は442人である。性別では，男257人，女155人，不明30人。年齢別では，10代85人，20代133人，30代78人，40

第3章 クロスロード質問紙版

表3-1 クロスロードの主要項目

	整理番号	あなたは……	基本設定	YES	NO
神戸編	1002	避難所担当職員	災害当日の深夜。市庁舎前に救援物資を満載したトラックが続々到着。上司は職員総出で荷下ろしを指示。しかし、目下、避難所との電話連絡でてんてこ舞い。指示に従い荷下ろしをする？	荷下ろしする	しない
神戸編	1003	援助物資担当課長	援助物資の古着が大量に余ってしまった。でも、庁舎内には保管する場所はない。倉庫を借りるのも費用がかかる。いっそ焼いてしまう？	焼く	焼かない
神戸編	1008	食料担当の職員	被災から数時間。避難所には3000人が避難しているとの確かな情報が得られた。現時点で確保できた食料は2000食。以降の見通しは、今のところなし。まず、2000食を配る？	配る	配らない
神戸編	1010	仮設住宅担当課長	大地震から1ヶ月経過。仮設住宅建設へ向けての毎日。これまで確保した用地だけでは、少なくとも100棟分不足。この際、公立学校の運動場も使う？	使う	使わない
神戸編	1012	総務担当課長	被災後半日経過。庁舎の一部が自然発生的に避難所になり、500人程度の被災者であふれている。しかし、庁舎は、本来の指定避難所ではない。避難者に出て行ってもらう？	出て行ってもらう	もらわない
神戸編	1016	遺体安置所の責任者	今、遺体安置を行っている。増え続ける遺体に対して、作業員はわずか数名。作業はまったく追いつかないが、数時間連続の作業ですでに身体はクタクタである。いったん休憩する？	休憩する	休憩しない
神戸編	1026	被災した病院の職員	入院患者を他病院へ移送中。ストレッチャー上の患者さんを報道カメラマンが撮ろうとする。腹に据えかねる。そのまま撮影させる？	撮影させる	させない
神戸編	1027	避難所担当の職員	現在、避難所となった体育館にいる。館内では、毛布が不足気味。折よく取材にきたTVニュースの番組クルー。テレビを通じて、毛布提供を呼びかけるか？	呼びかける	かけない
神戸編	1030	市役所の職員	大地震から24時間。激震によって市庁舎が全壊状態に。しかし、災害対応のために必要な書類は、倒壊の危険もある庁舎内の事務所にしかない。立ち入り禁止の命令を無視して書類を取りに行く？	取りに行く	行かない

表 3-2 国民性調査から投入した項目

【1】「先生が何か悪いことをした」というような話を、子どもが聞いてきて、親にたずねたとき、親はそれがほんとうであることを知っている場合、子どもには、「そんなことはない」といった方がよいと思いますか、それとも「それはほんとうだ」といった方がよいと思いますか？

(1) そんなことはないという　(2) ほんとうだという

【2】南さんという人は、小さいとき両親に死に別れ、となりの親切な西さんに育てられて、大学まで卒業させてもらいました。そして、南さんはある会社の社長にまで出世しました。ところが、故郷の、育ててくれた西さんが危篤（きとく）だからすぐ帰れという連絡をうけとったとき、南さんの会社がつぶれるか、つぶれないか、ということがきまってしまう大事な会議があります。あなたは、次のどちらの態度をとるのがよいと思いますか？

(1) なにをおいても、すぐ故郷に帰る　(2) 故郷のことが気になっても、大事な会議に出席する

【3】あなたが、ある会社の社長だったとします。その会社で、新しく職員を1人採用するために試験をしました。入社試験をまかせておいた課長が、「社長のご親戚の方は2番でした。しかし、私としましては、1番の人でも、ご親戚の方でも、どちらでもよいと思いますがどうしましょうか」と社長のあなたに報告しました。あなたはどちらをとれ（採用しろ）といいますか？

(1) 1番の人を採用するようにいう　(2) 親戚を採用するようにいう

【4】ある会社に次のような2人の課長がいます。もしあなたがつかわれるとしたら、どちらの課長につかわれる方がよいと思いますか？

(1) 規則をまげてまで、無理な仕事をさせることはありませんが、仕事以外のことでは人のめんどうを見ません
(2) 時には規則をまげて、無理な仕事をさせることもありますが、仕事のこと以外でも人のめんどうをよく見ます

【5】たいていの人は、他人の役にたとうとしていると思いますか、それとも、自分のことだけに気をくばっていると思いますか？

(1) 他人の役にたとうとしている　(2) 自分のことだけに気をくばっている

【6】他人は、スキがあれば、あなたを利用しようとしていると思いますか、それとも、そんなことはないと思いますか？

(1) 利用しようとしていると思う　(2) そんなことはないと思う

【7】たいていの人は信頼できると思いますか、それとも、用心するにこしたことはないと思いますか？

(1) 信頼できると思う　(2) 用心するにこしたことはないと思う

代32人、50代35人、60代以上41人、不明38人。職業別では、自治体職員（防災・消防部門に勤務経験有）114人、同（なし）28人、その他の職業（学生、無職を含む）266人、不明34人である。データの多くは、ゲーム形式の「クロスロード」を用いた防災研修会などの機会をとらえて収集したもので、収集期

間は 2005 年 9 月から 2006 年 6 月までである。

3　主要項目の分析結果

図 3-1 は,「クロスロード質問紙版」に含まれていた 30 の項目のうち, ゲーム版の「クロスロード (神戸編)」に主要項目として収められていた 9 つの項目 (表 3-1) について集計結果をまとめたものである。

図 3-1 からは, 以下のことを読みとることができる。意見が最も偏った項目として 1016 番があり, 8 割を超える人が「休憩する」と回答している。しかし, 実際には, 遺体対応にあたった神戸市職員の多くが, 休憩をほとんどとることなく徹夜状態で業務にあたり, 心身に少なからずダメージを受けた人も多いことがわかっている。質問紙調査の結果が, 必ずしも回答者の真意を表現するわけではないことは言うまでもない。むしろ, 社会的期待・規範を先どりした「あるべき論」がデータとして表れることも多い。今後は, 実際に必要な休憩をとりつつ仕事をすることができるような計画 (業務の分担, 人員の配置, 外部からの応援職員やボランティアの活用など) が求められるところである。

一方, 比較的意見が割れたのが, 1002 番である。多数派 (6 割あまり) は, ノー (荷下ろししない) であるが, イエス (荷下ろしする) も 4 割近くにのぼる。しかも, この結果を性別でブレイクダウンすると, 男性は, イエス = 33.8%, ノ

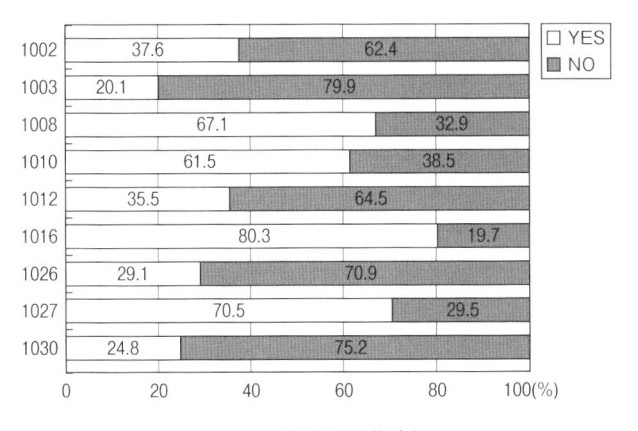

項目	YES	NO
1002	37.6	62.4
1003	20.1	79.9
1008	67.1	32.9
1010	61.5	38.5
1012	35.5	64.5
1016	80.3	19.7
1026	29.1	70.9
1027	70.5	29.5
1030	24.8	75.2

図 3-1　主要項目の集計表

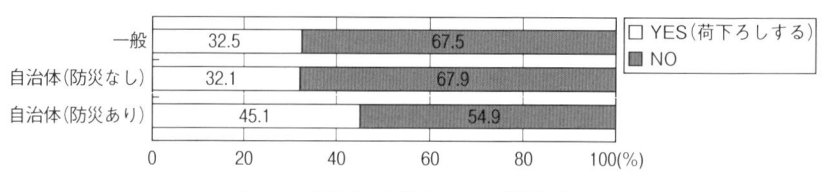

```
           □ YES（荷下ろしする）
一般       32.5      67.5     ■ NO
自治体(防災なし) 32.1   67.9
自治体(防災あり) 45.1    54.9
     0   20  40  60  80  100(%)
```

図3-2 荷下ろし作業をするか（職業別）

ー＝66.2％なのに対して，女性は，イエス＝46.8％，ノー＝53.2％となる。女性の方が上司の指示通りに荷下ろしをする傾向が高いことがわかる。

また，この問題については，職業別の結果も興味深い。図3-2に示した通り，一般の人（会社員，学生，主婦など，自治体職員以外のすべての回答者）では，荷下ろしをする（イエス）と回答した割合が32.5％，自治体職員でも防災部門に勤務経験のない人は32.1％であるのに対して，自治体職員で，かつ防災部門に勤務経験のある人は45.1％にのぼっている。ところが他方で，災害直後（約72時間）の期間に，自治体職員が大量に届けられる救援物資の荷下ろしや仕分け作業に忙殺されたことは，阪神・淡路大震災や中越地震で大きな課題となった事項であった。特に，「クロスロード：神戸編」のもととなった阪神・淡路大震災に関する神戸市職員の聞き取り調査では，この点を「最大の反省事項」として挙げた職員も少なからず存在した。上述の1016番と同様，意識と実態とにギャップが見られる設問の一つであり，まさにこうした点を埋める作業が，ゲーミング方式による「クロスロード」に求められているのである。

職業別の分析から得られる示唆は，ほかにもある。一例を示せば，1010番の集計結果をまとめた図3-3に示したように，防災や消防業務に習熟した人ほど，仮設住宅を運動場に建設するのを避けようとする傾向があることがわかる。これらの人びとに限っては，イエス（運動場を使う）を支持する人はむしろ少数

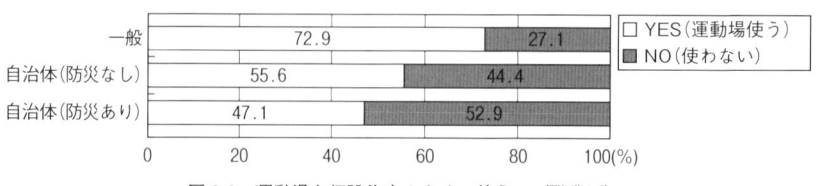

```
           □ YES（運動場使う）
一般       72.9         27.1  ■ NO（使わない）
自治体(防災なし) 55.6      44.4
自治体(防災あり) 47.1      52.9
     0   20  40  60  80  100(%)
```

図3-3 運動場を仮設住宅のために使うか（職業別）

派になっている。他方で，一般の人は，7割を超える人がイエス派である。もちろん，このデータから，特定の状況下でイエス（使う）／ノー（使わない）のいずれが適切かを同定することは不可能である。しかし，このような考え方の違いが存在することを認識しておくことは，今後の防災施策の展開にとって重要であり，「クロスロード質問紙版」は，そのための基礎資料を与えるものといえよう。

4 複数の項目間の関係性分析

[1] 項目間の関係性

質問紙調査版では，デモグラフィック要因（年齢，性別，職業など）とクロスロード項目との関係性分析はもちろん，クロスロード項目同士，あるいは，クロスロード項目と国民性調査項目との関係分析も可能である。たとえば，図3-4は，第2部第2章でもとりあげた市民編5005番（あなたは，海辺の集落の住民。地震による津波が最短10分でくるとされる集落に住んでいる。今，地震発生。早速避難を始めるが，近所のひとり暮らしのおばあさんが気になる。まず，おばあさんを見に行く？⇒イエス（見に行く），ノー（行かない）），および，一般編2005番（あなたは消防隊員。ようやく1カ所の消火を終え，指令にしたがって次の消火地点へ移動中。だが，住民がやってきて近くの火事を消して欲しいと腕を引っ張る。確かに炎が見えるが命令も重要だ。住民の要請に応じる？⇒イエス（応じる），ノー（応じない））の両項目間の関係を示したものである。

図3-4から，5005番で「見に行く」（イエス）と回答する人は，2005番でも「応じる」（イエス）と回答する傾向が強く，ノーと回答する人についても同じ関係が成り立つことがわかる。ここには，おそらく，多少の将来的リスクを冒

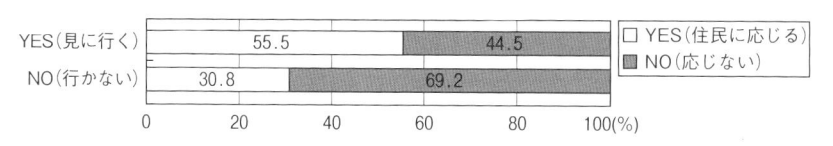

	YES（住民に応じる）	NO（応じない）
YES（見に行く）	55.5	44.5
NO（行かない）	30.8	69.2

図 3-4　津波避難（市民編 5005 番）と消防隊員（一般編 2005 番）の関係

しても，眼前の危機的状況に対応することを優先する考え方（両方の設問にイエスと回答する思考）と，より長期的なベネフィット，あるいは，地域全体の利益を優先する考え方（両方の設問にノーと回答する思考）との対照が存在していると推察される。すなわち，回答者は，多くのクロスロード項目（ジレンマ）を個々バラバラに考えるのではなく，一定の枠組みあるいは基本方針を念頭に回答していると想定される。上に例示したもの以外にも，たとえば，「公（仕事）と私（家庭）のどちらを優先するか」，「人情（感情）と合理性のどちらを重視するか」といった枠組みを想定することができそうである。

[２]「数量化Ⅲ類」による分析

そこで，こうした枠組み，いいかえれば，国民性調査にいう「考え方の筋道」を明示化する解析手法として知られる「数量化Ⅲ類（パターン分類の数量化）」を用いて，クロスロード項目（30項目），国民性調査項目（7項目），さらに，年齢，性別，職業の3項目を加えた全40項目を対象に分析を行った。ここでは，細部には立ち入らずに，その主要な結果だけを簡単に図式化して示しておきたい（図3-5参照）。

図3-5に，回答者の態度構造を特定するためのヒントになると考えられる主要項目の布置状況を示した。まず，X軸（横軸）のプラス側（右側）には，「出勤しない」（自宅が半壊状態で家族は心細そうであれば出勤しない），「消火要請応じる」（上記の一般編2005番），「指定外避難所認める」（本来の指定避難所ではない庁舎の避難者も認める），「親戚採用」（表3-2の項目3で(2)を選択）などの項目が布置している。いずれも，眼前の問題解決と短期的利益を優先する考え方がベースにある項目である。反対に，X軸のマイナス側には，「余剰物資焼く」（余った援助物資は焼却処分），「津波見に行かない」（海岸集落での地震発生時，ひとり暮らしの高齢者を見に行かない），「消火要請応じない」（上記の反対）など，長期的かつ地域全体のベネフィットを重視する態度を示す項目である。これらのことから，クロスロード項目に示された事態に直面したとき，人びとの回答のベースに，「短期的利益（まず今ここ）」を優先する考え方と，「長期的利益（全体・将来への配慮）」を優先する考え方との対照軸が存在することが明らかとなった。

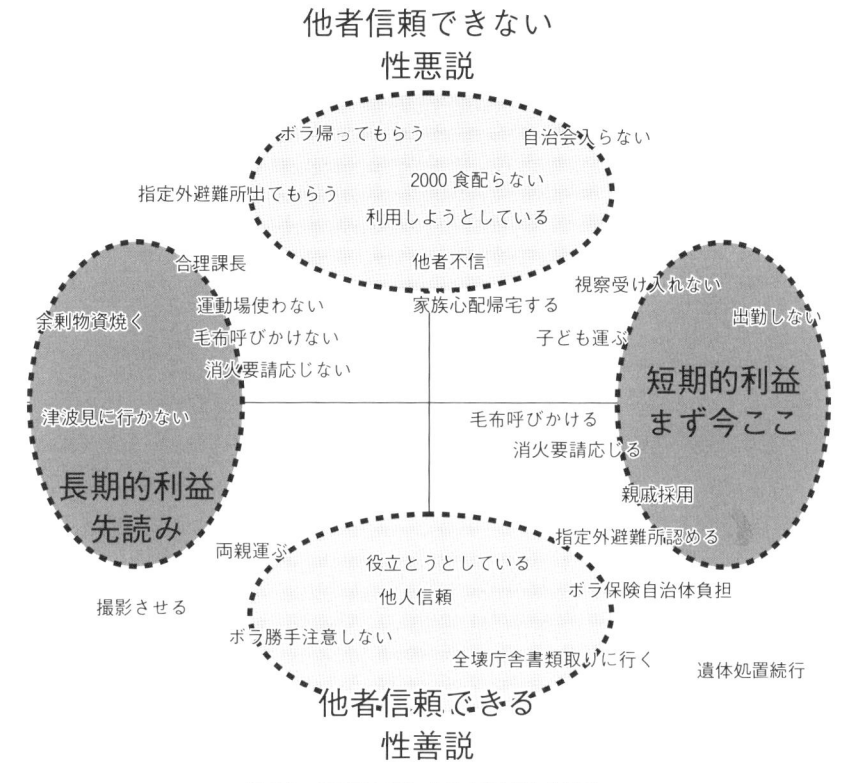

図 3-5 数量化Ⅲ類による分析結果（略図）

他者信頼できない／性悪説
- ボラ帰ってもらう
- 自治会入らない
- 指定外避難所出てもらう
- 2000 食配らない
- 利用しようとしている
- 他者不信

長期的利益／先読み
- 余剰物資焼く
- 合理課長
- 運動場使わない
- 毛布呼びかけない
- 消火要請応じない
- 津波見に行かない
- 撮影させる

短期的利益／まず今ここ
- 視察受け入れない
- 出勤しない
- 子ども運ぶ
- 毛布呼びかける
- 消火要請応じる
- 親戚採用
- 指定外避難所認める
- ボラ保険自治体負担
- 遺体処置続行

他者・信頼できる／性善説
- 家族心配帰宅する
- 両親運ぶ
- 役立とうとしている
- 他人信頼
- ボラ勝手注意しない
- 全壊庁舎書類取りに行く

他方，Y軸（縦軸）のプラス側（上側）には，「ボラ帰ってもらう」（組織的な受入体制が整うまではボランティアには帰ってもらう），「2000 食配らない」（表 3-1 の 1008 番で配らないと回答），「他者利用しようとしている」（表 3-2 の項目 6 で (1) を選択），「自治会入らない」（防災上重要との指摘はあるが面倒）など，どちらかといえば性悪説に立って，他者を完全には信頼せず，自分自身ですべてを管理・実行しようとする態度を示す項目が布置している。逆に，Y軸のマイナス側には，「役立とうとしている」（表 3-2 の項目 5 で (1) を選択），「他者信頼」（表 3-2 の項目 7 で (1) を選択），「ボラ勝手注意しない」（行政と連携せずに勝手に活動するボランティアを注意しない）などが布置している。これらは，どちらかといえば性善説に立って，他者との協調関係の中で問題解

決に当たろうとする態度を反映する項目である。以上のことから，クロスロード項目に示された事態に直面したとき，人びとの回答のベースには，もう一つ，「他者信頼（性善説）」と「他者不信（性悪説）」の対照軸が存在することが示唆される。

　今後はデータ数を増やして，上記で示唆された態度構造の安定性を検証するとともに，この結果を，「クロスロード」本体の実施場面に生かしたり，危機管理や災害対応にあたる人びとの自己診断や適性検査のためのツールづくりに役立てたりすることも可能であろう。すなわち，数量化Ⅲ類の分析結果に基づいて，「考え方の筋道」の異なる人びとをあえて一つのグループに配置してゲーミングを実施して，意見交換の実効性を高めることも可能であろう。さらには，ここでの分析結果と，実際の災害対応場面や各種シミュレーション場面におけるパフォーマンスとを関連づけることによって，「復旧期よりは緊急期対応に力を発揮する人」，「住民との交渉役に向く人」といった形で，危機管理能力に関する自己診断や適性診断を行うことも可能だと思われる。

引用文献
統計数理研究所国民性調査委員会　1992　日本人の国民性（第5：戦後昭和期総集）
　　出光書店

第4章

杉浦淳吉

教育技法としてのクロスロード

　本章では，クロスロードを用いた教育方法について紹介する。ルール，技法，ふりかえり，新作問題づくりについて，新しい方法の提案，実践結果の報告と考察を行う。なお，ここでは著者が試行錯誤しながら実践していったプロセスも含めて紹介することとする。というのも，クロスロードを実施する対象者や条件（時間や人数）などは，実にさまざまな状況が想定される。その際，完成された方法をそのまま使うのではなく，実践のプロセスを追体験することで，利用者がそれぞれの事情に応じて利用する際に，より役立つのではないかと考えるからである。

1　議論の可視化ツールとしての集団クロスノート

［1］集団クロスノートの目的

　クロスロードを実施する際に，そこで交わされる会話の中には貴重なアイディアや後の振り返りに役立つ論点が出されることが少なくない。こうしたゲーム中の議論のログを効率よく残す方法はないだろうか。ここでは大型のカラー付箋紙を利用した方法を紹介しよう。クロスロードの振り返りには，クロスノートを用いることが一般的である。それぞれのジレンマを振り返る際に，「イエスの問題点」，「ノーの問題点」を列挙しておくものである。この作業を，ゲーム中に，しかも集団で行う試みが「集団クロスノート」である。この作業により，議論を可視化し，保存することで，ゲーム中にお互いの考えを比較したり，ゲーム後の振り返りにゲーム実施時の考えを思い出したりするきっかけと

なる。

[2] 概要

集団クロスノートにおいて、議論の要点を大型の付箋紙にメモをとり、それを1枚の用紙（A3が適当）に貼り出していく。議論の要点はクロスロードを利用する目的にもよるが、ここではイエスカード、またはノーカードを出した理由についてのメモを作成することに重点をおく。ちなみに、イエスの理由はノーの問題点、ノーの理由はイエスの問題点とおおよそ対応する。しかし、「問題点」が意思決定の結果の評価であるのに対して、「理由」は意思決定の主体による問題意識の反映である。全く同一のことを指しているわけではないことに留意すべきである。

クロスロードの記録として残しておきたいポイントの一つは、それぞれの問題についてのイエスとノーの分布である。集団クロスノートでは、イエスカードとノーカードの色に対応させ、イエスの理由を水色の、ノーの理由をピンク色の付箋紙にそれぞれ書き出し、各問題につき1枚の用紙（A3用紙）に貼り出す。これが、問題ごとの議論を記録するシートのもとになる。振り返りにおいて、付箋紙を分類したり、用紙に書き込みを入れたりしながら、議論のまとめを完成させる。

[3] 用意するもの

以下のものを用意する。

①カラー付箋紙（横126 mm×縦760 mm）各色、問題カードの枚数分。

水色をイエスに、ピンク色をノーに割り当てる。

② A3用紙（台紙として、問題カードの枚数分）

A3用紙はコピー用紙の白紙で構わない。A3用紙を横置きにした場合、①の付箋紙を9枚貼り付けることができる。

③水性カラーペン（人数分以上のカラー）

各グループで8色セットのマーカーを用意し、各プレーヤが1色ずつ好きな色を選択する。自分の色を選ぶ楽しさがあるし、誰がどのカードを書いたか、後で特定することができる。意図的に特定しない場合は、全員が黒など同じ色

のマーカーを利用すればよい。ある程度大きな字で記入することを想定した太めのペンが望ましい。裏移りがない水性ペンの方が，台紙の裏面もコメント記入などで利用できるし，机の汚れを心配する必要もない。

④糊（必要に応じて，各グループに数個）

まとめの際に，付箋紙の位置を貼り直し，場所が確定できたら，糊で固定する。はがれ落ちたりするのを防ぐための処置である。

⑤シール（一人につき3～5枚）

丸型（直径8mm程度）のカラーシールを用意する。集団クロスノートで出てきた論点について，評価する場合に使用する。

［4］実施のポイント

1）色の設定

最初に自分のペンの色を決め，以降すべてそのペンを使って記入するようにする。付箋紙の色の役割を説明し，中央に台紙と一緒においておく。

2）台紙を置く場所

1問ずつA3用紙を取り替えていく。テーブルの中央に白紙の台紙を積んでおき，イエスカード，ノーカードを出す場として使ってもよい。次の問題に移行する時は，テーブルの端など邪魔にならない場所に置いておく。

3）付箋紙への記入法と台紙への出し方

各問題で座布団の配布が終わったあと，イエスまたはノーの理由を記入する。理由はなるべく簡潔にまとめるように伝える。記入に熱中してしまうと，時間もかかるし，場の雰囲気が静かになり過ぎてしまう。大き目の文字で要点を書き出し，後でその時考えたことを思い出せるようにしておくのがこの方法のポイントである。

付箋紙を中央の台紙に出すときには，書かれた内容を読み上げながら出すとよい。このことにより，視覚的にも聴覚的にも，各プレーヤが何を考えていたのかがわかる。

4）台紙のまとめ方

5人でプレイする場合は，イエスまたはノーの理由を各人1枚ずつ貼り付けて，なお余白が残る。この余白を使って，振り返りの際に，後述するような「条

件の特定」や「理想の解決」といった点にについて，色を決めて追加して記録することもできる。さらに，イエス，ノーの付箋紙を貼り直しながら，内容の整理・分析を行うことができる。

　台紙は，予め問題番号や問題内容を印刷しておくと，説明の時間や整理をする際の時間が節約できる。白紙であっても，まとめの際の工夫により，オリジナルのシートが創造される楽しさもある（図4-1 参照）。

5）論点の評価のシール

　複数の集団クロスノートを見比べながら，それぞれの論点を参加者が評価基準（例えば「有望なアイディア」，「自分の考えに近い」，「意外な論点だ」）に応じて投票する時に用いる。複数の基準がある場合は複数の色を用意することもできる。

2　集団クロスノート実施例

［1］「市民編」による議論の可視化（事例1）

　愛知教育大学の「グループダイナミックス」の講義（2005年11月）において，『市民編』の20問を使用して実施した。講義のテキストとして，『防災ゲームで学ぶリスク・コミュニケーション』（矢守ら，2005；以下，「テキスト」とよぶ）を使用している。ルールは「タイプB」である。

　参加者は26名で，5人グループ4つと6人グループ1つを編成した。著者がファシリテータ役を担った。まず，最初の15分でゲームの説明を行った。ルール説明には「テキスト」を使用し，補足用として各グループに配布した進行係用のマニュアルをあわせて参照するようにした。

　最初の1枚のカードは全体で進めた。各グループで最初にカードを選ぶ人を決め，一斉に進行した。2枚目以降は，各グループで進めていった。

　ゲームを進行させる際，「イエス」または「ノー」のカードをオープンした後，それぞれの選択の理由を，イエスの場合は水色の，ノーの場合はピンク色の付箋紙にそれぞれ記入し，A3の白紙に，記述を終えたプレーヤから貼り付けていった。後で振り返りやすいように，問題の順番と番号も一緒に書きこんでおく。各グループにはマーカーの8色セットを用意し，それぞれ好みの色を選ん

で記入した。

　ルール上は10枚の問題を使用することになっているが，市民編のセットにある20の問題全てを利用した。このことにより，10題の実施に対して，最後の10題目においても未使用のカードからプレーヤの意思によって課題を選べるようにした。早いグループで，10題をやり終えるのに40分余り，遅いグループで60分程度であった。

　早く終えたグループから，テキストにある「タイプB」の「ゲーム終了後」のページをみながら，各グループで振り返りを進めた。時間がかかったグループについては，テキストで推奨されている振り返り項目について優先的に振り返りを行った。

　最後の10分で，集団クロスノートを，その問題を選んだプレーヤが簡単に整理した。ゲーム中は，単に台紙に貼り付けるだけだったものを，イエス，ノー別，あるいは内容別に，貼る位置を変え，問題番号だけが書いてある状態に対して，その問題の内容を簡単に要約し，見出しをつけ，集団クロスノートを完成させた（図4-1）。テキストの付録のクロスノートを参照して作業を進めるよ

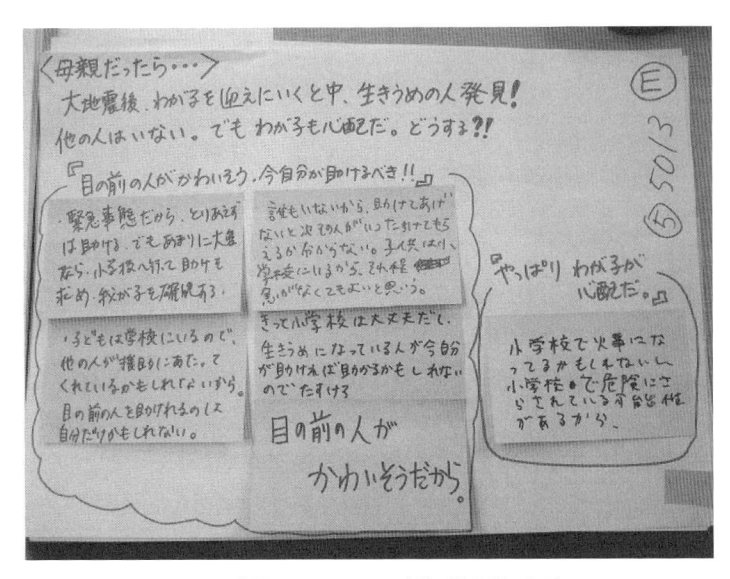

図4-1　集団クロスノートの実際（市民編5013）

う指示した。その翌週は，集団クロスシートを見ながらゲーム結果をもとに議論を行った。

[2]「神戸編」における理想の解決策（事例2）

2006年1月，事例1と同じ授業において，『神戸編』を実施した。参加者は22名で，5人グループ2つと6人グループ2つを編成した。

使用した問題は，詳しい解説がテキストに載っている「精選10題」で，ルールは「タイプA」を用いた。タイプAは「防災に関わる人向き」のルールであるのに対し，大学生によるゲーム実践ではあったが，「これから関わろうとする方」も対象と設定されていることから，「防災部門に配属されたつもりになって，このゲームを行ってください」と教示を行った上でゲームを始めた。

集団クロスノートをここでも用いた。前回は白紙を台紙として使用したが，ここでは付箋紙の色の指示と問題番号・内容を記したフォームを用意した。この事例でも，イエスの理由を水色の，ノーの理由をピンクの付箋紙に記入しながら進行させたが，さらに「条件の特定」を黄色の付箋紙に，イエス／ノーを超えた第3の解にあたる「理想の解決」を黄緑色の付箋紙に，それぞれ記入するという課題も同時に行った。ちなみに，「条件の特定」とは，問題に記述された曖昧な状況に対して，どういった情報が不足しており，どのような条件が揃えば決定できるかを考える項目である。

1つの問題に対して10分から15分程度，じっくり時間をかけ，少なくとも1通り「親」を経験するまで実施した。「条件の特定」と「理想の解決」については，親にまとめるよう指示を行った。なお，これらの作業は親でなくても書いて構わないとも付け加えた。

グループによって進行時間に違いがあり，早くに1巡（5名）終了したところは2巡目も途中まで集団クロスノートを記入し，進度の遅いグループ（6名）については，残りのカードはゲームだけ（イエス／ノーの判断）を行った。以上の作業から，問題についての集団クロスノートがプレーヤの人数分作成された。表4-1は，食料配分の問題を扱ったグループの集団クロスノートの構成要素である。また，図4-2は，同問題の集団クロスノートである。

さらに，翌週の授業において，全員分の集団クロスノートを教室の机に並べ

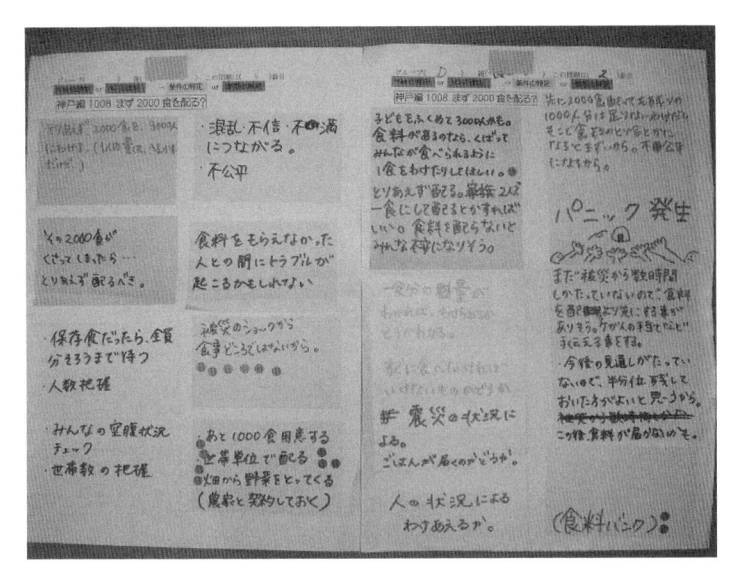

第4章　教育技法としてのクロスロード　83

図4-2　「集団クロスノート」の例

て,「理想の解決」に対して,青色のシールを用いて1人3票の投票（持ち点を自由に配分できる）を,同様に「意外なコメント」に対して赤色のシールで投票を行い,全体を振り返った。

　理想の解決において,得票が多かったのは,「自然発生的に避難所になった市庁舎から避難者に出ていってもらうかどうか」（神戸編1012）に対する「事情を説明する,また立ち入ってはならないところと避難所にするところを区別→居てもらう」（10票）であった。このときの条件は,「近くに避難所が空いているか。避難所の空き具合」「庁舎が避難所に適しているのか」「避難してきた意図の状況にもよる。怪我の具合等」であり,イエスとノーはそれぞれ3人で拮抗していた。専門家ではないプレーヤは,それぞれの判断理由のもとに条件を設定し,条件に応じて説明する,という解決を導き出していた。

　その後,テキスト第2部4章のカード解説について,それぞれのまとめを参照しながら,解説講義を行った。

表 4-1 「集団クロスノート」における記述例（食料配分の問題）

カテゴリ	記述内容
イエスの理由	とりあえず 2000 食を 3000 人に分ける（一人分は減るかもしれないが……）。
イエスの理由	その 2000 食が腐ってしまったら……とりあえず配るべき。
ノーの理由	混乱・不信・不満につながる。不公平。
ノーの理由	食料をもらえなかった人との間にトラブルが起こるかもしれない。
ノーの理由	被災のショックから食事どころではないから。
条件の特定	保存食だったら全員分そろうまで待つ。人数把握。
条件の特定	みんなの空腹状況チェック。世帯数の把握。
理想の解決	あと 1000 食用意する。世帯単位で配る。畑から野菜を取ってくる（農家と契約しておく）。とりあえず 2000 食を 3000 人に分ける（一人分は減るかもしれないが……）。

3 オリジナルジレンマによる問題の共有化

［1］ オリジナルジレンマの作成課題

クロスロードは，身近なジレンマを発見し，問題を共有し継承するツールとしてのフレームゲームの側面をもっている。ここでは，オリジナルジレンマの作成課題の手順と実例を紹介する。

クロスロードの問題は，形式が決まっているが，その問題の解説についても定型を定めることができる。以下は，A4 で 1 枚のレポートを作成する際の課題例である。

［2］ まとめ方の定型

レポート課題

各自の日常生活や社会問題において葛藤状況場面をみつけ，『クロスロード』の形式にあわせて各自 1 題，「ジレンマ課題」を作成し，クロスノートとしてまとめる。

以下の 1 から 4 の項目を，A4 用紙で 1 枚にまとめる。

【問題番号（学籍番号）】

① 「あなたは……」「ジレンマの記述」（70 文字から 100 文字）

②イエス（＊＊する）の問題点
③ノー（＊＊しない）の問題点
④解説

注意点
- イエスの問題点，ノーの問題点をそれぞれ箇条書きした上で，その下に解説をつけ，A4版で1枚にまとめる（過不足がないように）。「イエス」と「ノー」は左右に並べず，箇条書きでよい。
- イエスの問題点，ノーの問題点は，身近な人にインタビューするなどして集めることができる（受講者に限らない）。「解説」には，その時の「インタビュー証言」を取り入れるとよいだろう。テキストの『神戸編』の解説を参考にすること。

[3] オリジナル問題作成（事例3）

　先に取りあげた講義の最終課題として，オリジナル問題の作成を行った。各自が作成したジレンマ課題を一覧にしてゲームキットを作成し，課題のレポートは集約して『クロスロード・愛教大編　解説集』と題した冊子を作成し，配布した。表4-2に主な問題を紹介する。

　イエスの問題点，ノーの問題点は，身近な人にインタビューするなどして集めることとし，「解説」には，その時の「インタビュー証言」を取り入れることを推奨した。この課題をもとに，最終授業で改めて『クロスロード・愛教大編』としてゲームを実施した（2006年2月）。この課題から，身近な生活に関わる受講者自身のジレンマが共有されることとなった。なお，2006年度前期の講義では，最終的なレポートを完成させる以前にゲームを実施し，そこでの結果をレポートに盛り込む課題を設定した。

　表4-2で紹介したジレンマにおいて，「ある種の行為を注意するか否か」，「上司と部下との関係をいかに保つか」などは，『クロスロード：市民編』のコンテンツにも含まれた内容である。防災で得た知恵は，防災だけに役立つのではないし，「逆もまた真なり」である。

　このオリジナル編は，現在2つの方向で継承されている。1つは翌年（2006年度）の講義において実施されたことである。もう1つは，「クロスロード新

表 4-2 課題としてのオリジナルのジレンマ問題

番号	あなたは	ジレンマ
0501	パン屋の店員	客席で，お客さんが自分の店のパンを買って食べているが，飲み物は，違う店で買ったものを飲んでいる。「当店の商品以外の飲食はご遠慮下さい」と書いてあるのに。注意する？
0504	小学校の教頭	4年3組の担任が欠勤。一日代理を務めることに。しかし，このクラスは学級崩壊状態であった。……授業中突然一人の児童が教室を出ていった。連れ戻そうと声をかけるが全く聞かない。教室を離れその子を連れ戻しに行く？
0505	長男の嫁	姑が突然認知症になり，介護が必要な状態になった。あなたにも仕事はあるが長男の嫁であるあなたは親戚一同から当然のように介護をするものだと思われている。近くには老人の施設がある。老人施設へ入所させる？
0511	25歳女性平社員	今日は，会社の上司や同期の社員が集まる飲み会。あなたの嫌いな上司がさりげなくあなたを隣の席に呼んでいる。しかし，上司の機嫌をとらないとその場の空気が悪くなるかもしれない。上司の隣に座る？
0514	バスの乗客	バスで駅まで急いで向かっていたが，交通事故による大渋滞に巻き込まれ，進まなくなった。ここから駅までは徒歩30分以上かかる上，天候も悪い。バスがすぐ動く気配はない。バスを降りて駅まで歩く？
0521	中学生	クラスメイトのB君が教室で5〜6人の男子生徒にいじめられている場面をあなたは目撃した。B君は悲痛な様子である。あなたはすぐさま助ける？　それとも助けない？
0522	新車購入を検討している人	環境のことを考えるとハイブリッド車や燃費の良い車を選ぶべきですが，昔から憧れていたのはスポーツカーのような馬力のある車です。この先何年も使う車なのでやはり自分の好みの車を買う？

聞」への掲載により，主に防災に携わる読者に対して，大学生の意見分布を予想する課題として扱われていることである。もともと防災から出発した問題が，大学教育におけるアクションリサーチを経由して，再び防災の文脈に引き継がれるのである。

以下，紹介したオリジナルジレンマの中から，受講者の実際のレポートを紹介する。多くの解説は不要であろう。神戸編が作成されたプロセスが1つのフレームになっているのである。

1)「あなたは，小学校の教頭」

「4年3組の担任が欠勤。一日代理を務めることに。しかし，このクラ

スは学級崩壊状態であった。……授業中突然一人の児童が教室を出ていった。連れ戻そうと声をかけるが全く聞かない。教室を離れその子を連れ戻しに行く？　Yes（行く）　or　No（行かない）」

2) Yes（行く）の問題点
　・授業が中断される，進度が遅れる
　・二次被害がでる（他の児童も出て行く，教室が騒がしくなる……）
　・（授業に真剣な児童に）学ぶ機会を与えないことになる
　・飛び出した児童が捕まるかどうかわからない
　・飛び出した児童がすぐに戻ってくるかもしれない

3) No（行かない）の問題点
　・その児童がどこへ行ってしまうかわからない（行方不明）
　・飛び出していった児童の真似をする子がでてくる

4) 解説
　インタビュー証言：「教室を出て行ったら連れ戻さなくてはいけないけど，残っている子を教室に落ち着かせておくにも，普段の教室の子どもたちの様子がわからないから指示の仕方が難しかった。…第2，第3の出て行く子がでるかもしれないし……小学校4年生くらいはギャングエイジといってクラスに落ち着きがない時期だしね……。」

　　ここでのジレンマは"一人の児童をとるか""その他残った児童をとるか"との間で生じている。インタビュー証言にあるように，もちろん教師としては連れ戻す行動をとるべきと考えるが，その児童はいつもしばらくすると教室に戻ってくる子かもしれない。担任でないゆえに普段の教室の様子が把握できていないことがこのジレンマを生んだ。また，「教室を出て行ったら連れ戻さなくてはいけない」ことが正解と思われる一方，授業の中断・教師がいない間に何かあった時などは当然問題視されるであろうし，残った児童の保護者からの苦情は必至であろう。理想の解決策については，"隣のクラスの教師に自分のクラスを見ていてもらって，飛び出していった児童を捕まえる"ことがひとつ考えられる。しかし，インタビュー証言者も言うように，この場合即決が要求され，また教師間の関係，隣のクラスもそれどころではない状態ということも

考えられるので，それが理想とも言えない。Yes, No の問題点に共通してみられた"飛び出していった児童以外にも教室を出て行く可能性"の指摘は，結局はクラスが学級崩壊状態にあることが原因である。もちろん，このような状態にならぬよう，学校・教師をあげての改善が目指されるべきなのだが，そう上手くはいかないのが現状のようだ。

ここで，クロスロードの防災以外の分野での利用について意見を述べておく。本書で紹介されているようにさまざまな分野でクロスロードが有効な手段として確立されるのであれば，さまざまなところで新作問題のセットが制作される可能性があるだろう。場合によっては，クロスロードの類似品が出回るような事態も懸念される。社会貢献としてのクロスロードの有効活用を抑制するようなことになってはいけないが，オリジナルのクロスロードから切り離されたところでゲームが一人歩きするような状況は望ましくない。上述したように，オリジナルを尊重してこそ，よい作品が生まれると，筆者は大学教育での実践を通じて肌で感じているからである。

4 教育・研究技法としての新ルールの提案

これまでの実践結果を踏まえ，個人と社会との相互作用による創発を検討するための技法として，クロスロードの新しいルールを提案したい。

[1] 匿名他者による意見分布の把握

タイプ A のルールのものでは，個人の意見が集団の中で明かされる。このルールにおいて，個人の意見を表明しなくてはならず，プレーヤによってはそれが心理的な負担となる場合があるとの指摘もある。そこで，個人の意見を匿名にする方法として，イエス／ノーカードを出す際に，タイプ A で出したカードを混ぜた後にオープンにする，という方法が考えられる（これを「シャッフル・ルール」とよぶことにする）。すなわち，個々のプレーヤの意見がどちらかは明かされず，どちらが多数派かということだけが明らかになる。このルールにより，集団における規範としての意見分布を把握することができる。しかし，

この方法は，勝敗の判定ができない。そこで考案されたのが，次に紹介するルールである。

[２] 意見表明と多数派予測の組み合わせルール（タイプC）

　既存のルールとして，自分の意見を表明する「タイプA」と多数派を予測する「タイプB」が存在している。既述の実践では，この両者を利用することで，教育効果を高めることを狙ってきた。この中でファシリテーションを行った経験上，1点気になるところがあった。それは多数派予測のタイプBにおいて，自分の意見を表明してしまう可能性があるということである。

　この点をクリアするため，ここでは，既存のタイプAとタイプBの組み合わせルールを提案する。まず，1人2組のイエス／ノーカードをもつ。最初に「シャッフル・ルール」により，タイプAでカードを出し，それを場に裏向きのまま集める。ここで場のカードを表にはせず，タイプBでもう一度カードを出す（表向きでもいいし，出揃った後で表にしてもよい）。その後に，場に最初に出されたカードを表にして勝負を決める。すなわち，ここでタイプAの結果で多数派だった方と同じ判断（イエスまたはノー）をしていた人がポイント獲得となる。少数派（1人だけ）を予測した人にはポイント（金の座布団）を得るルールを適用することもできる。オリジナルでは1人のみがその対象となるが，この場合は複数のプレーヤがその対象となる場合がある。図4-3にその流れを示す。

　この方法のメリットは，多数派を頭の中で予測せずに，場に山となっている裏向きのカードにイエスが多いかノーが多いかを予測できることである。このことから，タイプBで「多数派の意見」の予測をより正確に（混乱なく）行うことができる。テキストにも説明があるように，他者の意見を予想するには，まず自分がどうするかを考えなくてはならない。実はこのプロセスの認知的負荷が大きく，結局自分の意見を表明してしまう，ということになりがちではないかとも考えられる。これを，場に出されたリアルなカードを見ることで，他者が下した結果の集合を「裏向きのカードの山」として「視る」ことができる。その中にイエスが多いか，ノーが多いかは，頭の中で漠然と考えるよりも認知的負荷が少なくなるであろう。あえて名前をつけるなら，「不可視的可視化」で

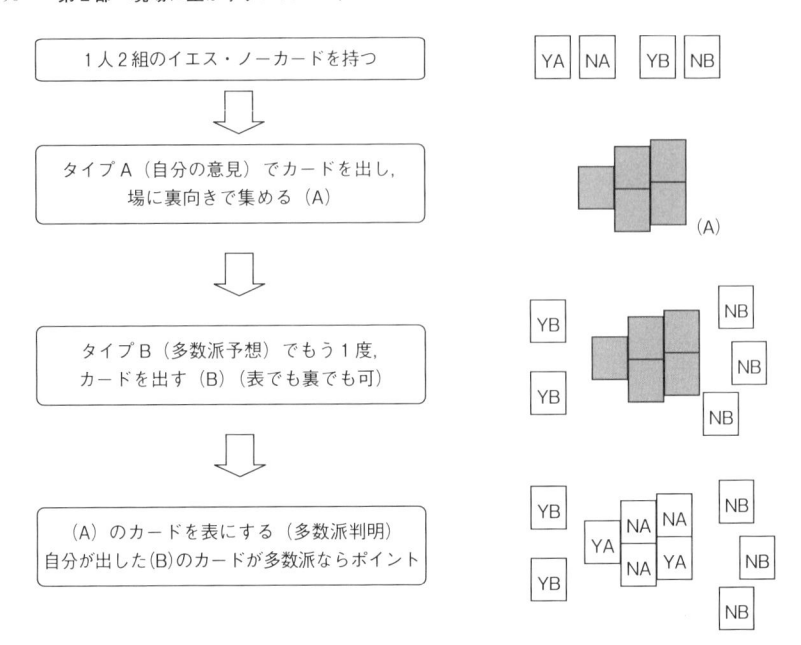

YA, NA はタイプ A で出すカード, YB, NB はタイプ B で出すカードを指す。この場合, タイプ A ではイエス 2, ノー 3 であり, ノーと予測した右側の 3 人が勝利者となる。

図 4-3　意見の提示（タイプ A）と多数派予測（タイプ B）を組み合わせた「タイプ C」の手順

ある。意見分布の把握と分布予測を同時に行えることが, このルールの最大のメリットであり, 面白さではないだろうか。

　タイプ C の実践についてはまだ実験段階であるが, 前節で紹介したオリジナルジレンマの問題の作成課題の共有化作業として, 講義最終回において, タイプ C を使ったクロスロード大会を催した。ゲームは, 講義の総括として, 受講生が自ら作成したジレンマ問題を共有することに主眼がおかれ, 実施された。議論は特に記録せず, 自分の判断と多数派予測についてのみ, 記録をとった。その結果, 実施課題における個人内での自分の判断と多数派予測の一致度は, 全体で 8 割前後であった。

　また, 翌年度には, タイプ A, タイプ B の回答欄も含めた問題用紙を作成した。すなわち, ジレンマの問題文とイエス・ノーに○をつける欄（2 列, タイプ A とタイプ B）を配置した表をプリントにして配布し, 講師（筆者）がその

表 4-3　タイプ C による新作問題の実践結果

問題番号	0501	0504	0505	0511	0514	0521	0522
タイプ A	7：8	10：5	11：5	14：2	5：11	3：13	11：5
タイプ B	8：7	10：5	7：9	14：2	6：10	4：12	9：7

※タイプ B 欄（多数派予測）の数値の下線は，タイプ A の意見分布における多数派と逆転しているもの。最初の 2 問は 15 人，あとの問題は 16 人で行われた。

問題文を読み上げる方法で，講義の最終回に実際にゲームを行った。最初にタイプ B で多数派予測について挙手してもらい，黒板にイエスとノーの人数を書き出す。次に，タイプ A での回答，つまり本人にとって「どうすべきか」の意見分布を挙手してもらい，あわせて黒板に書き出す。タイプ A での多数派，つまり実際の意見分布を予想できた人がポイントを獲得する。表 4-3 はその際の結果である。

他者の意見を予想するには，まず自分がどうするかを考えなくてはならないが，このあたりの認知プロセスについては，現在データを収集しているところである。

5　さらなる展開に向けて

[1] クロスノートの分析と継承

テキストの付録 4 には「クロスノート解説」が掲載されており，これを参考にしながら，集団クロスノートの整理を行うこともできる。その際，内容の近いカードをグループ化するなど，付箋紙の位置を再構成するなど，各自で工夫してまとめることができる。

さらに，講義において何度かクロスロードを実施することで，集団クロスノートが蓄積されてくる。このことから，以前に行われた集団クロスノートと比較することで，プレーヤは過去のプレーヤが経験したゲーム結果を含めて分析することができる。

このようにクロスノートを蓄積していくことにより，それぞれのジレンマについての，「イエスの問題点」，「ノーの問題点」がリストアップされていき，必ず出てくる判断の理由は何であり，新たに出現した理由は何であるかが，ゲー

ムを重ねるごとに収集されていくことになる。

[2] 見かけ上の正解の存在と創発

　クロスロードを実施した際に，ファシリテーターとして感じられたのは，ゲームを実施する時は活発に話が進むが，振り返り作業をどのように進めたらいいのか，という点であった。『神戸編』では，テキストにある「インタビュー証言」「解説」とゲームの結果とを，どう連動させるか，ということが課題の一つとなる。その内容は，被災時における当事者の苦悩が伝わってくる内容となっている。ゲーム経験者はプレーヤとして意思決定をゲーム中に行っているので，よりリアルにこの解説を味わうことができるだろう。ただし，クロスロードには「正解」がないので，「見かけ上の正解」としての解説を読んだ後にゲームを行っても，ジレンマを体験できることは特徴の一つだろう。

　筆者はクロスロードを使って，理想の解決策が「創発」されるかどうかということを関心の一つとしてもっている。ジレンマが存在するときに「個人で考えるのみではなく，『クロスロード』の手続きを踏めば，イエスでもノーでもない，優れた『第三の解』がみつけられる」ということが実証可能となる。この手続きが実効性をもつには，すでにわかっている「第三の解」（見かけ上の正解）と，ゲーム（実験）で出てきた「第三の解」との比較を行う必要がある。「見かけ上の正解」はひとまず脇に置き，問題が記述している「あいまいな状況」がプレーヤの想像力を喚起し，ゲーム状況で共有されるジレンマ状況から抜け出すための「第三の解」が生成される。ここで生まれた解を，どのように継承し，社会的に共有していくか。ゲームと現実との相互関係を考える上でも，そうした解の社会への還元は重要な課題の一つであろう。

[3]「集団クロスノート」の使用とゲーム性について

　集団クロスノートを使用してみて問題点として考慮しなければならないことがある。それは，理由を書いて単に台紙に貼り付けるだけで，その理由について議論が進まないグループも出てくるということである。初年度の講義においては，何度かクロスロードを実施しながら集団クロスノートによる議論の可視化の方法を洗練させていった。ゲームに慣れながら，同時に方法についての理

解も徐々に進んでいったという面があり，その流れから自然発生的に議論も生じたが，2年目は最初からある程度完成された方法で行ったため，十分に集団クロスノートの意義が伝わっていなかったことも筆者自身の反省点として挙げられる。そこで，単に「可視化」だけでなく，そこに「議論」が必要であることが伝わるよう，「カードを貼り出すときに，自分の理由を言葉に出しながら，行ってください」ということを，手続きとして加えた。このことにより，静かだったグループも話が進むようになり，次の「条件の特定」や「理想の解決」にもスムーズにつながるようになった。ゲームのもつ力によってプレーヤは自然と活発に議論ができるようになる。集団クロスノートは議論を可視化し，継承する役割を果たすが，このことが本来ゲームのもつ力を低めるようなことがないように配慮しなければならない。

　一方で，別の機会（大学院の少人数での演習）では，対照的な現象も現れた。クロスロード以前に別の国際間交渉のボードゲームを集中的に実施していたことも影響したのか，勝敗にこだわるゲーム状況となった。クロスロードにおいて勝敗は副次的なもので，それぞれの問題について熟考することが本来の目的であるともいえる。しかし，勝負にこだわるプレーヤの姿をみて筆者が感じたことは，勝負に徹するからこそ，既存の価値観や規範から解放され，そこから新たな論点を創り出していくことができるということである。

引用文献
杉浦淳吉　2006a　『クロスロード』による他者判断の予測と社会特性の創発　日本グループ・ダイナミックス学会第53回大会発表論文集，96-97.
杉浦淳吉　2006b　防災ゲームによる葛藤解決学習と家庭科教育への転用可能性―『クロスロード』による創発の検討―　愛知教育大学家政教育講座研究紀要，**36**, 31-38.
矢守克也・吉川肇子・網代　剛　2005　防災ゲームで学ぶリスク・コミュニケーション―クロスロードへの招待―　ナカニシヤ出版

第3部

防災教育における
ゲームの活用

第1章　ゲームで何を学ぶのか
第2章　生活とつなげる：防災すごろく
第3章　動いて学ぶ：ぼうさいダック

第1章

吉川肇子

ゲームで何を学ぶのか

　クロスロードは主に成人を対象としたゲームである。しかし，ゲームを利用した問題解決（ゲーミング）の手法は，成人だけではなく，子どもにも利用できるものである。以下では，筆者らが制作に関与した具体的な事例をあげながら，防災教育へのゲーム活用の可能性について述べる。

1　ゲームで何を学ぶのか

[1]　正解を学ぶ：ぼうさいダズン

　「ぼうさいダズン」（資料1-1）は，火災が発生したときの対処行動を学ぶことを目的として作られたものである。ただし，実際に対処行動を練習するのではなく，ゲームによって正しい行動についての知識を学ぶ形式となっている。

　天ぷら火災が自宅で発生したという状況が，まずプレーヤに提示される。プレーヤの課題は，あらかじめ用意されている12個の対応行動に，重要度に応じて順位をつけることである。最初に個人で順位をつけ，その後グループで話し合って集団としての決定を行い，最後に正解との隔たりを計算し，個人決定とグループ決定を比較する。

　ゲームのフレームとしては，いわゆるNASAゲームをそのまま用いたものである。NASAゲームとは，アメリカのNASAが宇宙飛行士の訓練用に開発したゲームで，月で遭難したときにどうするかという課題について，用意された正解にできるだけ近くなるように話し合いをするゲームである。その後課題状況を変えて（その多くは緊急事態を扱ったものである），同種のゲームが多く

資料1-1　ぼうさいダズン

お母さんがとるべき行動

この状況で大事なことはなんですか？
以下の（ア）〜（シ）の「行動」の中から，あなたが

大事な行動だと思う順に

右のかっこの中に1位から12位までの順位をつけてください（同じ順位はつけない）。
　この問題には「正解」があります。できるだけ正解に近い答えを出すようにがんばってください。

あなたの順位

（ア）	洗って切ってあった野菜を鍋に投げこむ	（　　）
（イ）	ガスこんろの栓を閉める	（　　）
（ウ）	2階へ貴重品を取りに行く	（　　）
（エ）	「火事だ！」と大声で叫ぶ	（　　）
（オ）	物置にしまってある消火器を取りに行く	（　　）
（カ）	火がついたままの鍋を窓から捨てる	（　　）
（キ）	子どもたちに逃げるように呼びかける	（　　）
（ク）	マヨネーズ（300グラム）を容器ごと鍋に入れる	（　　）
（ケ）	30秒間火の様子を観察する	（　　）
（コ）	鍋に水をかける	（　　）
（サ）	119番に通報する	（　　）
（シ）	エプロンを濡らして軽く絞り，鍋にかける	（　　）

作成されており，これらを総称してNASAゲームとよびならわしている。
　このゲームでは，正解を考える際に，グループで時間をかけて話し合うので，正しい対処行動がその理由とともに，記憶に残りやすい優れた仕組みのゲームとなっている。

［2］動作を身につける：ぼうさいダック

　ぼうさいダックは，幼稚園や小学生を主たる対象として，さまざまなハザードへの対応を学ぶために作られた（詳しい紹介は第3部第3章参照）。ぼうさいダズンと同じく「正解を学ぶ」ことがゲームの課題となっている。このゲームの場合の正解は，緊急時における適切な動作である。

　表にハザードのイラスト，その裏に取るべき対応行動が動物のイラストとともに描かれたカードを用いる。子供たちは，示されたカードの表のハザードを見て，すばやく一次対応行動（first action to take，俗にいう「ファースト・ムーヴ：first move」）を示すポーズを取らなければならない。

　すなわち，ぼうさいダックでは，「できるだけ早く正しい動作をする」ことが求められている。言い換えれば，スピードがルール上では重要な要素となっている。子供たちが，考えなくても正しい行動が取れるようにするためには，このようなルールが最適であると考えたからである。この点が，正解を伝えるゲームでありながら，グループでじっくり考える「ぼうさいダズン」とは異なっている。

　ぼうさいダックに限らず，安全な対処行動を教えるゲームには，スピードをルールに組み込んでいるものが少なくない。たとえば，カードゲーム「Wir gehören zusammen!（私たちは一緒だよ！）」（ドイツ，Spieltrieb 社）は，低年齢の子供に，犬との正しい接し方を教えるために開発されたものである。このゲームでは，子供に対して犬と接する状況が描かれたカードを示し，それを示された子どもは正しい行動が描かれたカードをできるだけ早く出す，ということが求められている。

［3］問題の共有と合意形成：クロスロード

　クロスロードは，災害対応や防災についての正解を学ぶためのゲームとはいえない。ルール上多数派がポイントを獲得するようになっているが，そのことは，多数派の意見が正しいことを意味しない。真のねらいは，参加者の積極的な参加を引き出して，問題の共有や合意形成へとつなげていくことにある。参加したプレーヤの誰もが，専門家，非専門家の区別なく自分の意見を述べることができ，自分が話した時間と同程度の時間他者の意見を聞くことができると

いう仕組みである。特定の人だけがしゃべり続けるとか，逆に沈黙する人がいるというようなことはない。多数決であるために，誰の意見も等しく「一票」として数えられるのだ。

また，「1人の少数派の場合にポイントが得られる」というルールは，多様な意見があること，たとえその数が少ないとしても，多数派の意見と同程度に尊重されることを含意するものである。

[4] 自ら考えることを学ぶ

「ぼうさいダック」は，前述したように，発生時に直ちにとるべき「一次対応行動」を習得させるために，動作と発声を中心としたカードゲーム形式の教材である。したがって，「ぼうさいダック」は，その見かけ上，災害という「刺激」に対して，単純に「反応」を教えるゲームとなっている。その意味では，子どもたちは「知識（正解）」を学んでいる。しかし，それを基盤としつつも，子どもたちが自分たちの身を守るとはどういうことか，ということについて考え始めるきっかけを与えていることが明らかになっている（第3部第3章参照）。

実際に大災害が起きた時に，子どもができることは限られているという考え方もあるだろう。ゲームで学んだ対応行動だけでは，自分の身を守ることは十分にできないかもしれない。しかし，注目したいのは，ゲームという能動的な活動を通して，災害の時に何かしら自分でできることがあると子どもたちが実感できるということである。言い換えれば，このゲームは，子どもたちの自己効力感（self-efficacy: Bandura, 1986）を引き出している。

自己効力感は，先生の誘導にしたがって園庭に避難するという，従来の受動的な避難訓練では引き出すのが難しいものである。年少児の避難時の心構えとしてよく使われる「お・は・し・も」（押さない・走らない・しゃべらない・戻らない）も確かに重要だが，いずれも禁止の命令形であるために，「ではどうすればよいのか」という点に関して解答を与えていないという問題がある。「ぼうさいダック」は，この点を克服している。

ゲームによって自己効力感が引き出せることは，大人においても同じである。クロスロードのようなゲームではなおさらそうである。プレーヤはルールという一定の制約の中で，いろいろ試してみることができる。現実のように，失敗

をおそれることはない。ゲームという仮想の世界の中で、いろいろ試すことによって、柔軟性や自主性や自信を、向上させることができるのである。

2 どのように学ぶのか

「何を学ぶか」だけではなく、ゲームを使って「どのように学ぶ」のか、その学び方もまた、多様である。同じルールで1つのゲームを学ぶとしても（というのは、1つのゲームに複数のルールが存在することが少なくないからであるが）、誰がどのような場面でゲームをするのかによって、それぞれ学び方が異なってくる。以下では、これまでに挙げた事例を参照しながら、この問題について考える。

[1] ルールから学ぶ

ゲームのルールには、大なり小なり「その問題（防災ゲームの場合は「災害」）はどのようなものであるのか」についての、ゲーム制作者の考え方なり視点なりが組み込まれている。正解のないクロスロードや、後述する時間の切迫性を表現した「大ナマジン防災すごろく」は、ルールに制作者の考え方がはっきりと示された例である。

子ども向けの市販のゲームのうち、消防をテーマとしたゲームには、「協力」がルールの中に含まれていることが多い。たとえば、Alarm! Alarm!（ドイツ Schmidt 社）では、消防士を手助けして適切な道具を手配することがゲームの勝利につながっている。また、Tatu-Tata!（ドイツ Haba 社）は、プレーヤが消防士の役割をとるすごろくゲームであるが、盤上を進むのに、プレーヤ同士がサイコロの目を分け合うことができるようになっている。ルールの説明書の中でも、「本物の消防署でも同じなんですよ。全員が協力し合ったときに一番いい仕事ができるのです。」と解説されている。

防災のゲームではないが、キヨサキ・レクター（2002）は、「モノポリー」をあげて、ゲームルールと学習の関係について議論している。すなわち、モノポリーは、彼らによれば、経済の仕組みを学ぶ優れた教材である。また、厳密に教材とはいえないかもしれないが、自社の業務をゲームにして紹介している企

業もある（SCHOTT 社「Global Player」）。

キヨサキ・レクター（2002）の指摘には 2 つの重要な意味がある。1 つは，ゲームが現実（彼らの場合には，経済の仕組み）を学ぶのに非常に優れた道具であることを認めているということである。もう 1 つは，モノポリーがそうであるように，たとえそのゲームが現実の忠実な写しでないとしても，現実のとらえ方や見方を学ぶことはできるとしていることである。

ルールだけでなく，ゲームの名前もプレーヤにとっては意味ある情報となる。「モノポリー」は，経済における「独占」することの意味を，「Global Player」は SCHOTT 社が，全世界に製品を供給する企業であることを暗示している。「クロスロード」は，カードの二者択一を示す「（人生の）岐路」という意味のほかに，プレーヤ同士の話し合いによって生まれる「（人と人とが）交わるところ」という意味も持っている。

[2] 暗示される時間：大ナマジン防災すごろく

「家族で防災 1 年間：大ナマジン防災すごろく」は，1 年間 12 ヶ月のマスを通過しながら，各月で防災の備えが確認できるように作成された「すごろく」である（第 3 部第 2 章参照）。ただし，通常のすごろくと異なる点がある。それは，各プレーヤとは別に，「大ナマジン」と命名されたキャラクターが，プレーヤを追いかけてくるルールとなっているところである。プレーヤは，ゴールにたどり着く前に大ナマジンに追いつかれたらゲームから脱落せねばならない。

すごろくの大ナマジンキャラクターが暗示しているものは，近い将来起こるであろうと予測されている東京直下型地震，南海・東南海・東海地震である。また，「プレーヤを後ろから追ってくる」イメージは，これらの地震の時間的な切迫感である。すごろくというきわめてありふれたゲームを利用しつつ，プレーヤには時間の切迫性に気づくことができるように，ルールが工夫してあるのだ。

[3] 他者との相互作用から学ぶ

ぼうさいダズンやクロスロードのように，プレーヤ同士が話し合うことが重要な要素となっているゲームでは，ゲーム中に他者の意見を聞くことが学習を

深めることにつながっている。クロスロードのように，他者の意見の違いに焦点を当てたゲームではなおさらだが，ぼうさいダズンのように正解があるゲームであっても，ゲーム中には，さまざまな意見が話し合いの場に持ち出される。知識が多いプレーヤの意見を聞くこと自体がまず勉強になることはいうまでもない。しかし，強調したいのは，知識の多寡に関わらず，自分と異なる意見を聞くことが有意義だったという感想をもつプレーヤが多いことである。

　他者の意見を聞くことは，防災教育にどのような意味をもつのだろうか。それには，現実の理解の仕方が，1人1人異なっていることが影響している。個人が固有にもっているこの現実理解を，「物理的現実」に対して，「社会的現実」といっている。災害という同じ現実を見ていたとしても，それぞれが見ている現実は異なっている。時にその社会的現実の違いが，実際の災害場面で対立を招くこともある。こうしたことは日常生活で意識する機会はそれほどないが，ゲームによって，社会的現実の違いを意識することが可能になる。

　たとえば，クロスロードでは，問題状況はカードのスペースの制約から，必要最小限のものとなっている。このことについて，クロスロードを体験したある参加者の意見を紹介しよう。「状況が曖昧だからこそ，メンバーがこの状況をどう見るのか，まず話し合うことが大事である。それぞれが考えている状況の違いを比べた上で，条件を付与していき，条件を狭めた上で，解決を見つけるのだ」。この参加者がいう「それぞれが考えている状況の違い」こそ，社会的現実の多様性を指している。話し合いによってそれらを共有することが，最適解の発見につながることを，この参加者は看破している。

3　教わる人から教える人へ

[1] 作って学ぶ

　前述したように，多くのゲームは，現実を忠実に写したものではない。それは，ゲームの制作者の世界観（社会的現実）を反映したものであるから，プレーヤの見ている現実とは異なるものであることも少なくない。

　そこで，ゲーミングでしばしば使われる次の段階の学び方は，既存のゲームを体験した後に「自分ならどういう内容にするか」「自分ならどういうルールに

変えるか」ということをプレーヤ自身に考えさせることである。ほうさいダズンは，既存の NASA ゲームの内容を入れ替えたものである。また，クロスロードは，参加者がルールを変えることができるようにいくつかのヒントを提示しているし，自作の問題の投稿も奨励している。

　また，防災に関するクイズとすごろくを組み合わせた「ほうさい駅伝」（第3部第2章参照）は，その制作の当初から，防災について学んだ人々からの新しいクイズの投稿システムを組み込んでいる。初版では，千葉県我孫子市の湖北小学校の生徒が，2年間の防災学習の成果をクイズにして投稿したものが採用されている。

　ゲームを作ることは，「学ぶ」側だけでなく，制作者にとっても意義ある活動である。ほうさいダズン，ほうさい駅伝は，いずれも筆者がメンバーとなっている「防災ゲーム研究会」で作られた。この研究会のメンバーの大半は防災の専門家であるが，非専門家も含まれており，メンバー構成は多様である。立場の異なるメンバーの協働によって，新たな教材が生まれたのである。このことに関連して，Meyer ら（Meyer et al., 2006）は，ゲーム作成の過程で生まれる制作者間のコミュニケーションもゲームによる学びの重要なものであると指摘している。

　ただ，ゲームの内容やルールの改変には，慎重な姿勢が求められることも指摘しておきたい。杉浦（2005a）は，ゲームの内容の恣意的な改変やオリジナルゲームと異なる意図での使用に対して，優良なゲームの開発にマイナスに働く可能性を懸念している。

［2］「生徒が先生になる」ということ

　ゲーミングの教育ツールとしての最大の特徴は，「誰もが先生になる可能性をもつ」ことだと筆者は考えている。学習者（プレーヤ）の誰もが，日常の知識や知恵をもってゲームに参加し，その社会的現実を共有しあっていくという学び方は，先生から一方的に知識を伝授されるという従来の「教師－生徒」関係とは異なる新しい関係を導く。誰もが誰かの「先生」になれるのだ。それは，防災教育においても例外ではない。杉浦（2005b）は，このことを端的に「水平的人間関係」と表現している。

最初は従来の意味での生徒であっても，次の機会には，その生徒が先生になることもできる。ひとたびゲームのルールを理解すれば，誰でも実施できるからである。「ぼうさいダック」では，これを学習した小学6年生が1年生に実施している例や，幼稚園児が高齢者に教えている例もある。また，クロスロードの進級制度も，プレーヤが次のファシリテータになることを期待して作られている。

　レイヴとウェンガー（Lave & Wenger, 1991）の正統的周辺参加の理論に代表される状況的学習理論は，人間の学習が人間を取り巻いている環境や状況から切り離すことができないことを主張している。このことは，防災教育においてはなおさら真実である。学習者中心となるゲームという技法が，防災教育において，いっそう活用されることを願っている。

注
1) 本稿は，「防災教育にゲーミングを生かす」（吉川肇子　2006　自然災害科学, **24**, 363-369.）をもとに，加筆改稿したものである。

引用文献

Bandura, A.　1986　*Social foundations of thought and action: A social cognitive theory.* Englewood Cliffs, NJ: Prentice-Hall.

林　国夫・吉川肇子・矢守克也・田和淳一　2008　防災教育ツール「ぼうさいダックの開発と実践―呉市消防局の事例を中心に―　日本リスク研究学会誌, **17**（3），103-110.

Kiyosaki, R. T., & Lechter, S.　2001　*Rich dad's rich kid smart kid: Giving your child a financial head start.* Warner Books.（白根美保子（訳）　2002　金持ち父さんの子供はみんな天才―親だからできるお金の教育―　筑摩書房）

Lave, J., & Wenger, E.　1991　*Situated learning: Legitimate peripheral participation.* Cambridge: Cambridge University Press.（佐伯　胖（訳）　1993　状況に埋め込まれた学習―正統的周辺参加―　産業図書）

Meyer, T., & Stiehl, S.　2006　教育におけるゲーム利用の可能性　シミュレーション＆ゲーミング, **16**（2），83-91.

Meyer, T., Stiehl, S., & 吉川肇子　2006　地球温暖化をゲームで考える　原子力文化, 2006年7月号, 3-11.

杉浦淳吉　2005a　説得納得ゲームによる環境教育と転用可能性　心理学評論, **48**,

139-154.
杉浦淳吉　2005b　ゲーミングが開く水平的人間関係, 現代のエスプリ 458　至文堂 pp.209-217.

第2章　　　　　　　　　　　　　　　　吉川肇子・矢守克也

生活とつなげる：防災すごろく

1 「すごろく」というフレーム

　「すごろく」という日本人になじみのある仕組みを使って，さまざまな教材を作ることができる。通常のすごろくでは，ゴールにたどりつく早さが競われている。「すごろく」，といっただけで，この基本的なルールが理解できることは，ゲームのフレームとしてとても利用しやすいことにつながっている。

　日常生活を表現する一つの手段として考えると，すごろく（増川（1995a）の分類によるところの「絵双六」）の仕掛けは，日本人にはなじみの深いものである。実際，生活を反映したすごろくが多く作成されてきた（増川, 1995b）。たとえば，買い物すごろくや，新婚生活の進展と月ごとの料理献立を表現したすごろくなどがある。

　すごろく形式の防災教育ツールは，さまざまなものが作られつつある。地震を主題としたすごろくとしては，すでに大正期に「大正震災雙六」が作られている。ただ，これを紹介している増川（1995b）によれば，その内容の悲惨さからとても笑い興じながら遊べるものではない，とのことである。

　最近のものとしては，神戸学院大学の制作による「レッツ防災すごろく」（矢守ら, 2007）がある。このすごろくは，神戸学院大学の学生たちが，防災について学んだことを，子どもたちに教える形で作成された。すごろくという，彼らにとって理解しやすい形式を使って「作って学ぶ」ことが実現した一つの例といえる。

　この章では，筆者らが制作に関与した3つのすごろくの例をあげ，その教育

的効果について検討する。

2 「大ナマジン防災すごろく」

「家族で防災1年間：大ナマジン防災すごろく」は，家庭で1年間の防災の備えを学ぶことができるように作成されたすごろく形式のゲームである（写真2-1, 2-2）。2005年1月1日付の神戸新聞に掲載され，その後デザインを変更して京都大学生協から実費頒布されている。

このすごろくがテーマとしていることは3つある。第1に，「生活防災」（矢守, 2005）の視点，第2は実際の動作との関連づけ，第3は，時間の切迫性である。

第1の「生活防災」とは，防災を生活と分離した形でその最適化を図るのではなく，生活まるごとにおける防災を考えるということである。このことを視覚的にもわかるようにするため，生活のリズムを自然のリズムと結びつけた1年12ヶ月のすごろくとなっている。

12ヶ月12項目の点検項目は，自然のリズムと防災の備えとがいわば「同期」できるように工夫されている。具体的には，それぞれの月に代表的と思われる行事と，各月（季節）にちなんだ防災上のとりくみが，マス目に記されている。たとえば，一般に火災が多い「2月」のマス目は，「地震では火事も怖い。ガス元栓，電気ブレーカーの場所，家族全員でチェック」と記され，サイコロの目に応じた指示は，1（大ナマジンだけが1マス進む），2（ブレーカーがどこかわからない，1回休み），3と4（家のブレーカーの位置を確認しに行ってから進む），5（ガスの元栓の位置を確認しに行ってから進む），6（ガスの元栓がどこにあるかわからない，1回休み），となっている。

また，ゲームのプレー中，あるいは，プレー後のフォローアップのために付された説明書（ゲームに同封）には，各月のマス目の内容に関連する防災トピックについて解説文が付されている。上記の2月の場合，テーマは「通電火災」であり，以下のような解説文となっている。「地震にあわてて電気ストーブをつけたまま避難してしまったとしましょう。地震で停電し，その時は大丈夫だったとしても，その後再度通電した時にショート等により火事になること

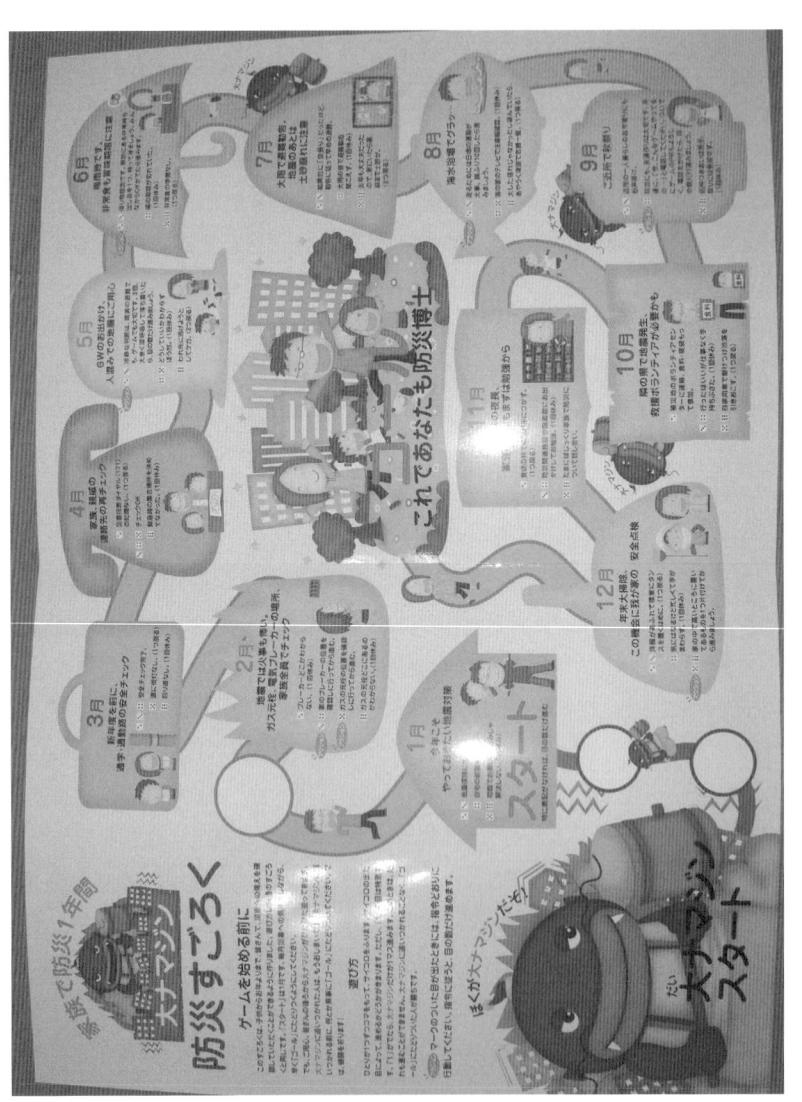

108　第3部　防災教育におけるゲームの活用

写真2-1　大ナマジン防災すごろく

第 2 章　生活とつなげる：防災すごろく　　109

写真 2-2　大ナマジンすごろくのマス目

があります。阪神大震災では，火災の 6 割以上がこうした通電火災によるものと言われています。避難前にはブレーカーをオフに」。この解説を読むことで，災害への備えが知識として身につくようになっている。このことは，前述した「正解を学ぶ」こと（第 3 部第 1 章）に対応している。

　さらに，一部の月については，その月のマス目の内容に関連して，発展・応用課題が設定されている。たとえば，新年度にちなんで，「家族・親戚の連絡先再チェック」がテーマとなっている 4 月については，家族連絡先リストづくりが，また，「災害ボランティア」がテーマとなっている 10 月については，ボランティアの体験談をプレーヤ相互で情報交換することが，それぞれ求められている。ここでも，すごろくゲームそのものを楽しみながらプレイすると同時に，自然な形で，日常の防災実践を進めることが目指されている。

　第 2 に，このすごろくには，実際の動作を行わせるマスがいくつか含まれている。すごろく本体を楽しむだけでなく，ブレーカーや元栓の位置を確認する作業を実際に実行しながらゲームが進む点が特徴である。具体的には，「自宅のブレーカーの場所をチェックする」という指示を受けたプレーヤは，その場を立って自宅のブレーカーの場所を点検しに行くことになる。

　防災教育の 1 つのポイントとして，実際の災害に，活用可能な知識を習得することがあげられる。そのことは，避難訓練などの実践型の訓練が重視されていることに表れている。そこで筆者らは，考える防災ツールとしてのゲーム

においても，可能な限りゲームと動作や行動を連動させたいと考えたのである。そうすることで，単に座学で正解を学ぶよりも，より効果的になると考えた。「動作を身につける」ことは，「ぼうさいダック」（第3部第3章）ほどには直接的に結びついてはいないにしても，このすごろくで学べる重要な点である。

　第3の，時間の切迫性というのは，南海・東南海・東海地震，あるいは首都直下地震が近い将来発生することが予測されていることである。このことを啓発するために，時間をゲームのルール上で表現したいと考えたのである。

　時間をゲームのルールとして表現するのには，さまざまな方法がある。代表的には，砂時計やタイマーなどを使って，制限時間以内にプレーヤが問題を解決したり，先へ進んだりしなければならないというルールがある。ただし，これらの場合は，特に砂時計などの場合はそうだが，砂がすべて落ちるまでの時間が短いものが多いので，時間の切迫感が顕著になりすぎるという欠点がある。

　また，子ども向けゲームの「果樹園」（Obst Garten，ドイツ Haba 社）のように，プレーヤの行動が一定量に達するまでゲームができるというルールにすることもある。「果樹園」の場合は，サイコロに記されたカラスの目がでる回数が9回に達すると，カラスのパズル（パズル片が9つあるため）が完成するので，そこでゲームが終了となる。ゲームの物語の上では，パズルが完成するということは，「カラスが果物を横取りする」ということを表している。

　別の方法として，あるキャラクターがプレーヤのコマをすごろくの盤上で追いかけるという形で時間の切迫感を表現することもできる。これも子ども向けのゲームだが「猫とねずみの大レース」（Viva Topo！，ドイツ Selecta 社）は，サイコロの猫の目がでると，猫のコマが進むというルールを使っている。猫のコマがプレーヤのコマであるねずみのコマに追いついたら，そのねずみは捕まえられた，ということになり，そこでそのねずみのコマはもう進むことができなくなる。このゲームでは，プレーヤは複数のねずみのコマを持っているのだが，手持ちのねずみのコマすべてが猫に追いつかれたらそのプレーヤはゲームから脱落することになる。

　「大ナマジン防災すごろく」では，「猫とねずみの大レース」と同じように，「大ナマジン」というキャラクターが，プレーヤのコマを追いかける形式とした。大ナマジンは，その名前の通り，切迫している地震の発生を暗示したキャラク

ターである。プレーヤのコマがスタートする3コマ後ろから，大ナマジンのコマがスタートするという形式である。ただし，「果樹園」や「猫とねずみの大レース」のように，サイコロを特別に作ることはせず，「1」の目がでると大ナマジンのみが1マス進むというルールとした。したがって確率的には6回に1回の割合で，大ナマジンのコマが1コマ進むということになる。

　制作にあたっては，サイコロの目の出方と盤上でのコマの進め方を計算し，一定割合で大ナマジンのコマに追いつかれるように配慮して作成してある。大ナマジンに「追いつかれる」ことは，災害への備えをする前に地震が来てしまうことを，比喩的に体験させるものである。

　大ナマジンすごろくは，京都大学生協で実費で頒布されており，その多くは家庭で使われていると思われる。また，比較的短時間で実施できることから，防災のイベントなどで来場者に簡単に実施してもらうという使い方もされている。2007年6月30日・7月1日に行われた子ども向けのイベント「ワークショップコレクション2007」[1)]でも筆者らのグループが実施し，訪問した家族連れにも好評であった。

3 「災害そなえ隊」

　同様に筆者らのグループが制作に関与したすごろくとしては，毎日新聞広告局制作の「災害そなえ隊」(2007年8月31日毎日新聞夕刊掲載，図2-1) がある。これは，災害への備えができているかどうかを，1軒の家に見立てたすごろく上で確認しながら，遊ぶことができるようになっているものである。各部屋がすごろくのマス目に相当しており，プレーヤは各部屋に特徴的な防災の備えを点検しながら，コマを進めるという形式になっている。たとえば，子ども部屋では「部屋の片づけ」や「ガラス飛散対策」が防災チェック項目となっている。「大ナマジンすごろく」が季節と災害への備えとの結びつけを主題としているのに対し，「災害そなえ隊」は，生活の場である自宅と，災害への備えとの結びつけを主題としているといえる。

　このすごろくの特徴は，先へ進むかどうかがサイコロの目だけで決まるので

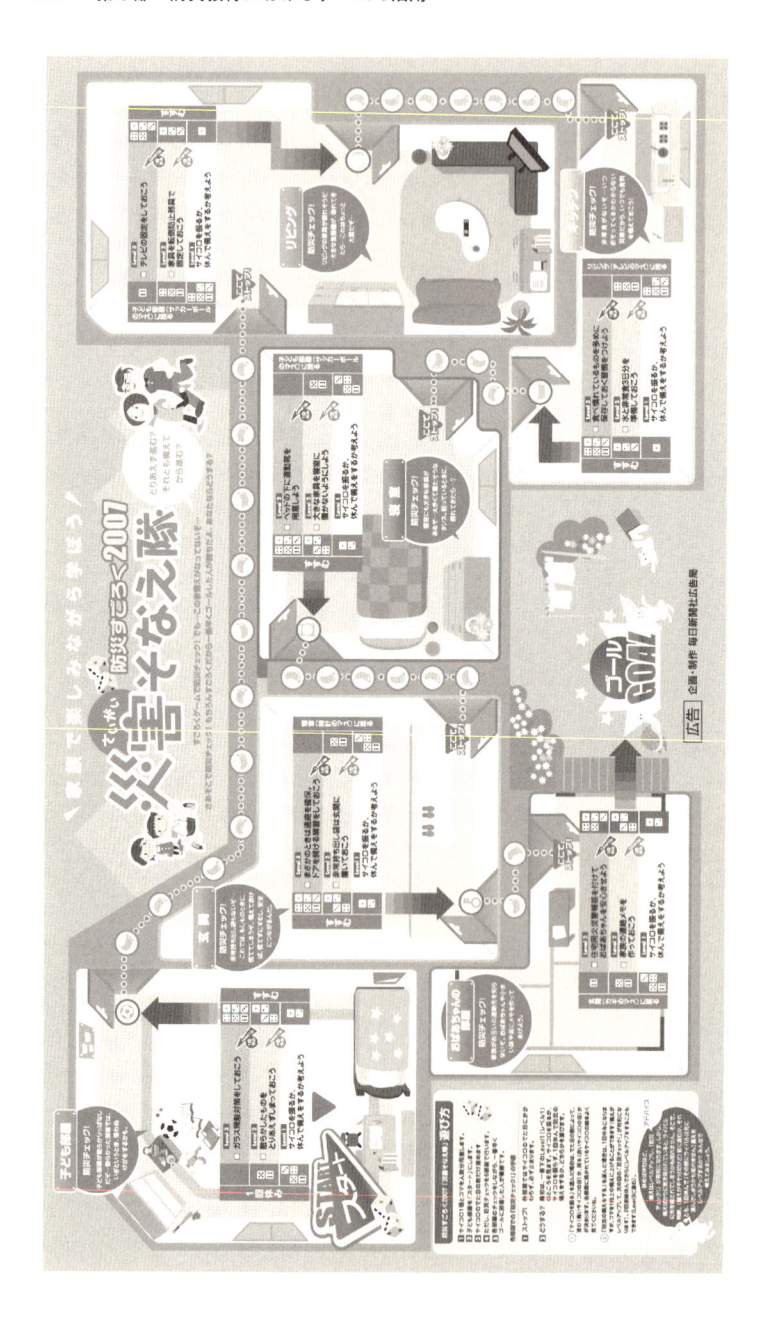

112　第3部　防災教育におけるゲームの活用

図2-1　災害そなえ隊（図版提供：毎日新聞広告局）

はなく，プレーヤが点検をするかどうかの決断でも決まっているところにある。部屋ごとに防災の点検をすることは，ゲーム上では「1回休む」というルールとして表現されている。1回休むとサイコロの次の目が進むのに有利になるゲームバランスである。

たとえば，リビングのマス目では，防災チェックをせずに進むためには，サイコロの1の目がでなければ進めない。そのほかの目（2〜6）がでた場合には，13マス前の「子ども部屋」に戻らなくてはならない。防災チェック（この部屋の場合は，「家具の転倒防止をする」ことである）をして進む場合，その回は1回休みになるが，次の番の時にサイコロの目が1，2，3のどれかであれば，進むことができるようになる。4，5，6の目の場合は，子ども部屋に戻ることになる。すなわち，1回休んで防災チェックすることで，サイコロの目で進める確率が1／6から，1／2にあがるということである。さらに，もう1回休む（ここでは「テレビの固定をしておく」というチェック項目を実施した，ということになっている）と，さらに進む確率が上がり，サイコロの6の目以外であれば進める（すなわち確率は5／6）のである。

一方，あまりに休んでいると，他のプレーヤに後れをとることもある。「休んで十分災害の備えをする」か，「災害への備えはやや不十分でも先へ進む」か，その決断がプレーヤにとってはジレンマになっている。現実場面と結びつけるなら，「休んでチェックすること」は，「備えをすることの手間や面倒くささ」に対応している。

このすごろくも，同じ紙面でそれぞれの部屋について重要な備えのポイントの解説が掲載されており，災害への備えを自分の家と関連づけて学べるように配慮されている。応用的なルールとして，実際に自分の家がマス目に書かれている備えをすでにやっている場合には，そのポイントからスタートしてよい（すなわち，サイコロの出目が有利になる）というルールもある。

4 「ぼうさい駅伝」

筆者らが所属している防災ゲーム研究会が作成した「ぼうさい駅伝」（吉川ら，2006）もすごろくの形式をとっている。ぼうさい駅伝は，基本的には，防災

114　第3部　防災教育におけるゲームの活用

写真 2-3　ぼうさい駅伝

写真 2-4　ぼうさい駅伝のプレー風景

に関するクイズに解答しながら，ボードの上を進んでいくすごろく形式のゲームである（写真 2-3, 2-4 参照）。

　標準的な遊び方は次の通りである。まず，プレーヤは2人1組となり，4グループ対抗でゲームを行う。つまり，8人での実施が標準的である。2人のうち1人がゲームキットに付属しているたすきを掛ける。これは，「走者」の役割を示したものであるが，ゲーム上では，「クイズの解答者」となることを意味する。ボード上をグループ対抗で進み，早くゴールしたグループが勝利者となる。

　ボード上を進むためには，まずさいころを振らなければならない。次いで，「問題カード」で呈示される問題に解答する。問題に正解したときのみ，さいころで出た目の数だけ進むことができる。問題は，防災に関する三者択一のクイ

図 2-2　ぼうさい駅伝のカード

ズ形式で出題される。問題を読むのは，隣のグループの走者でない（たすきを掛けていない）プレーヤである。問題カードには，問題とともに正解も記されているので，問題を読む立場に立ってみれば，たとえ防災の知識がなくても正解がどれかはわかるようになっている。問題カードの例を図 2-2 に示した。

　ボード上では，往路 5 区間，復路 5 区間にマス目が区切られている。この区間の区切りが変わったら，同じグループのプレーヤ同士で「たすきの受け渡し」が行われる。すなわち，解答者が交代する。

　このすごろくは，クイズと組み合わせることによって，自然に防災に関する知識が身につくように考えて作ったものである。（財）市民防災研究所から市販されているが，キットの中には，プレーヤ自らが問題を追加することができるように白紙の問題カードが封入されており，「作って学ぶ」こともできるようになっている。

5　教えすぎないこと

　すごろくの基本的なルールであるゴールに着く早さを競うということを前提

としたとき，筆者らが常に気をつけていることがある．それは，「知識のあるプレーヤが常に勝つ」，あるいは，「正しい災害対応をしたプレーヤが常に勝つ」ことがないようにということである．ここで紹介したすごろくのいずれも，見かけ上は正解を学ぶことが目的となっているので，このことは一見意外に思われるかも知れないが，ゲームという教材にする以上，考慮しておくべきポイントであると考えている．

　たとえば，ぼうさい駅伝は，基本的には防災についての知識があればあるほど，プレーヤにとっては有利なゲームである．ただし，知識の多寡が勝敗に直結しないように，「？（はてな）カード」という特別な動きを指示するカードが含まれている．これらのカードの中には，「ごぼう抜き（追い抜き）」や「こけちゃいました（休止）」などの，現実の駅伝に似せたエピソードを含めている．また，問題に答えられないことで参加の意欲が落ちないよう，プレーヤ同士協力して問題に解答することができるカード（「沿道からの声援」）も含めてある．

　詳しくは紹介しないが，「大ナマジン防災すごろく」も「災害そなえ隊」も，最適な災害対応行動を選ぶプレーヤが常に勝利するようなことがないように，ゲームバランスを配慮してある．いいかえれば，たとえ不十分に備えるプレーヤがいたとしても，ゲーム上はそのプレーヤが勝利することもあるということだ．

　確かに，正しい知識をもっている人や，正しい対応ができる人がゲームに勝てるようにして，人びとの防災への意識を高めることは重要である．しかし，防災意識を高めることは，講義などの一方向的な情報伝達でも可能である．講義で実現可能なことをゲームで行うのでは意味がない．正解を教えすぎないことは，逆説的に見えるかも知れないが，そのことがまさにゲームを「教育的に使う」ことの意義であると考えられる．

　単に一方向的な正解伝達のためだけにゲームを使うのであれば，「ゲーム感覚で楽しく学ぶ」というフレーズの，「見かけ上楽しく学んでいるように見える」という，ゲームのきわめて表面的な使い方ということになる．さらにいうなら，すごろくのプレーヤがゲーム後に学んだことが「正解しなければ（勉強しなければ）前に進めない」ことや「備えをしなければ勝てない」ことであるなら，彼らは楽しくすら学んでいないかもしれない．

ゲームの本質は，本書で何度も繰り返しているように，人びとに主体的に考えてもらうためのきわめて優れた技法だというところにある。そこに，脅しや一方向的な正解伝達は必要がない。このことに関連して小山（2002）は，「脅しの防災はやめよう」という提言をしているが，筆者らはそれに強く同意するものである。人々に防災について真に主体的に考えてもらうためには，われわれは脅すことをやめることから始めなくてはならない。

注
1) ワークショップコレクション 2007　http://www.canvas.ws/wsc2007/

引用文献
吉川肇子・矢守克也・防災ゲーム研究会　2006　「ぼうさい駅伝」の開発　日本シミュレーション＆ゲーミング学会2006年春季大会発表論文集
小山真人　2002　「脅しの防災」はやめよう　静岡新聞2002年9月19日付
毎日新聞広告局　2007　「防災すごろく2007　災害そなえ隊」　2007年8月31日付毎日新聞夕刊掲載
増川宏一　1995a　すごろくⅠ　法政大学出版会
増川宏一　1995b　すごろくⅡ　法政大学出版会
矢守克也　2005　〈生活防災〉のすすめ—防災心理学研究ノート—　ナカニシヤ出版
矢守克也・諏訪清二・舩木伸江　2007　夢みる防災教育　晃陽書房

第 3 章　　　　　　　　　　　　　　　　　　　　　　吉川肇子

動いて学ぶ：ぼうさいダック

1　子どもにどう防災を学ばせるのか

　ここでは，子ども，特に幼児を対象とした防災教育ツールの可能性を考える。小学生を対象とした防災教育のツールは，すでにいくつかあるが（たとえば，矢守ら（2007）や石田ら（2004）など），その多くは小学校中学年以上が対象となっている。ピアジェ（1989）の認知的な発達段階に関連づけていうなら，操作的段階以降の子どもたちが対象である。すなわち，具体的な事物との関連でのみ論理的な思考ができる（具体的操作期，7，8歳～10歳）か，さらに進んで仮定に基づいても論理的な思考ができる（形式的操作期，11，12歳以降）か，いずれにしても，論理的に考えることができる発達段階にある子どもという前提で教材が作られている。

　しかし，筆者らは，これ以前の，前操作期（おおむね2歳～6歳）の子どもたちに対しても防災教育ツールの開発が必要であると考えていた。もちろん，すでに保育園・幼稚園で防災教育は行われている。しかし，その中心は避難訓練であり，保育者の指示のもと，静かに園庭に避難するという活動が主体であると認識している。そうではなく，もっと子どもたちが自発的にできる活動を含む教材が必要であると考えたのである。

　また，認知発達だけではなく，運動能力の発達という視点から見ると，幼児期は杉原（2000）のいう運動コントロール能力の発達する時期でもある。この視点から，運動調整を含むゲーム形式の教育ツールが望ましいと考えた。

　さて，ゲームという形で防災教育ツールを作成すると考えると，この年齢の

子どもたちのための市販のゲームが参考になる。多くは，記憶が勝敗の決め手となるようなゲーム（たとえば，日本では神経衰弱といわれることが多い，メモゲーム）や，実際に身体を動かし，その速さや正確さを競うゲームが代表的である。いずれも言語（論理的操作）を媒介としないものである。

　動作をゲームに取り入れたものとしては，たとえば，Concerto Gorsso（ドイツ Amigo 社）がある。日本でも「うさぎのコンサート」という名前で輸入され，比較的よく遊ばれている。なお，原題は「合奏協奏曲」の意味で，邦題はこのカードで主人公となっているのがうさぎであることから命名されたと思われる。同一のルールで，アニメーションの Little Amadeus（子ども時代のモーツァルト）を主人公とした Little Amadeus Concerto Gorsso も制作されている。このゲームでは，主人公であるウサギ（または人間の演奏者）が演奏している楽器に対応する動作を，素早くとることが求められている。また，カードの中には動作をしないカード（この時，動作をすると間違いとなる）もある。正しい動作ができるか，またカードによっては動かないことができるかがゲーム上での勝敗を分けている。

　また，Oups, das kannst du auch！（オウプス君にもできるよ，ドイツ Adlung 社）も同じくカード型のゲームであるが，これは，カードに示されている姿勢（Oups という絵本の主人公がとる姿勢）を子どもが正確にできることを競うゲームである。特徴は，その動作が必ず身体の前で手と足を交差するものであるところにある。ドイツは，ゲームだけでなく，コーディネーション運動（東根，2006）が盛んな国でもある。スキャモンの身体の発達曲線によれば，この時期の子どもは神経系型の発達が著しい（Scammon, 1930）のだが，その年齢の子どもに対して，このような身体調整の能力を高めるようなゲームが市販されていることは興味深い。

　本章で紹介する「ぼうさいダック」は，このような幼児期の子どもの発達段階を考慮に入れた上で，しかもゲームという形式をとって，子どもにとって十分に楽しく学べるものにしたいと考えて作成されたものである。

2 「ぼうさいダック」開発のねらい

　地震，台風などの自然災害，および，火災，交通事故などの人為災害・事故を含め，多くの災害が，突発的に生じる事象である。したがって，開発するゲームにおいては，これらの災害（ハザード）に直面したときに，自らの身体を守るために最初にとるべき反応，すなわち，一次対応行動の習得が重要であると考えた。現実に，日本社会は，「地震，机の下にもぐれ」，「火災避難，ハンカチを口に」，「道路を渡るときは，右見て左見てもう一度右」など，ハザードと一次対応行動とのセットを，一種の災害文化として蓄積してきた。

　一次対応行動についてもう一つ重要なことは，それらを「知識知」ではなく「身体知」として定着させることである。すなわち，それらは，論理的に理解されているだけではまったく不十分であり，現実に実践されることが重要である。むしろ，極端に言えば，論理的な理解は少々不十分であっても，それが刺激と条件づけられた反応として，すなわち，身のこなしとして定着していれば，緊急時には十分に効果を発揮しうる。

　このことは，心理学的には，ドライブ理論（drive theory: Zajonc, 1965）により説明できる。ドライブ理論によれば，生理的喚起が高まったときに表出されるのは，もっとも学習された行動（「優勢反応：dominant behavior」という）とされている。緊急時は生理的喚起の高まった状態であると考えられる。だからこそ，適切に学習された災害対応行動が優勢反応として表出するよう，十分な訓練をしておくことが重要になる。

　「ぼうさいダック」は，このような問題意識のもとに，幼児から小学校低学年の児童を想定して，筆者らが開発した防災教育ツールである。2005年6月に（社）日本損害保険協会より公表され，主に日本損害保険協会が認定している全国の「奥さま防災博士」によって防災の啓発ツールとして利用されてきた。広島県呉市では，呉市消防局を主体として，市内幼稚園，保育園において，全市的に展開されている。

　図3-1，図3-2に例示したように，地震に対する一次対応行動である頭部を守る行動には，アヒルのイラストを対応させた。これは，名詞として「アヒル」を意味する英単語（duck）が，同時に，動詞として「身体をかがめる動作（頭

図 3-1　ぼうさいダックカード例（表：ハザード）（写真提供：(社) 日本損害保険協会）

まず あたまを まもろう。
（じょうぶな つくえのしたに もぐろう。）

図 3-2　ぼうさいダックカード例（裏：対応行動）（写真提供：(社) 日本損害保険協会）

部を隠す動作）」をも意味するからである．このゲームの命名は，これら2つの意味をもつ「duck」に由来する．

　また，「ぼうさいダック」の特徴の一つは，子どもによる動作（ポーズ）と発声を中心としたゲームという形式をとることによって，身体知としての一次対応行動を，言語メッセージを経由することなく，ダイレクトに身のこなしとして学習してもらうことをねらいとした点にある．このとき，動作（ポーズ）だけでなく，身体的反応の一種としての発声も念頭に置いている．たとえば，見知らぬ人に連れて行かれそうになった場合には「叫び声を上げる」といった意

味での発声である。

　同時に，「ぼうさいダック」では，一次対応行動について，それを象徴する動物の画像（イラスト）を導入することで，可能な限り言葉による伝達を避け，非言語的なコミュニケーションを中核にすえるようにしている。

　幼稚園や小学校の実情も考えなくてはならない。すなわち，少なくとも，現行の学習指導要領を前提とする限り，防災教育のためだけに多くの時間とエネルギーを費やすことは困難な状況にある（矢守ら，2007）。つまり，狭義の防災教育だけを内容とするツールを作成しても，それを十分に活用する機会が得られない可能性が高い。

　そこで，「ぼうさいダック」では，より広範なハザードをコンテンツとして包含することで，交通安全教育，防犯教育とセットで防災教育を実施できるよう配慮した。さらに，日頃の挨拶や行儀作法に関する内容を盛り込むことによって，小学校の学習指導要領における「道徳」，あるいは，幼稚園における「人間関係」などの学習領域においても十分利用可能なものとした。このように，内容を防災教育に限定しないことによって，利用頻度が上がることが予想され，この結果として，ゲーム本来の目的である防災教育の機会も増えることを期待した。

　「ぼうさいダック」の最後の特徴は，その活用方式を柔軟に変更できる点である。これまで述べてきたように，「ぼうさいダック」は，基本的には，種々のハザードに対する一次対応行動を習得するためのゲームである。その標準的な方式は予め準備されている。しかし，実際の運用手順は，現場のニーズ，事情に応じて非常に柔軟に変更することが可能である。たとえば，ゲームの内部に限っても，音楽を導入するなどいくつもの工夫の余地がある。さらに，「ぼうさいダック」とは別の防災教育カリキュラム（たとえば，避難訓練や地震の震動体験など）を組み合わせることによって，双方の効果を相互に高め合うことも可能である。

3 「ぼうさいダック」の概要

[1] カードの構成

「ぼうさいダック」を構成するカードは，全部で12種類である。図3-1に示した通り，カード表面が災害（ハザード），裏面がそのハザードに対する一次対応行動に対応している。また，裏面には，一次対応行動を象徴する動物のイラストが描かれている。

表3-1に，カードの構成（一部）を示した。各ハザードとも，それに対する一次対応行動を表す動作（ポーズ）と動作をとるときに一緒に発声する内容が指定されている（一部発声しない動作もある）。加えて，その動作が何を意味するのか，何のための動作なのかが，言葉によるメッセージとしてカード上に記

表3-1 カード例

ハザード	動物	コメント（下段はポーズ）	メッセージ
地震	ダック	じしんのときは…"ダック"のポーズ	まず あたまを まもろう。
		＊両手を頭にのせかがみ込む	（じょうぶな つくえの したに もぐろう）
津波	チータ	つなみのときは…"チータ"のポーズ	できるだけ たかいところまで はしろう。
		＊両手をすばやく振る	
洪水	カエル	こうずいのときは…"くつ"のポーズ	まず しっかりあるけるように じゅんびしよう。
		＊左手で足にふれる	
雷	かめ	かみなりのときは…"かめ"のポーズ	もし じめんが どろだらけでも できるだけ からだをひくく かまえよう。
		＊両手を机の上に 頭を低く	
道	ねずみ	みちをわたるときは…"ねずみ"のポーズ	まず あんぜん かくにん。みぎ ひだり もういちど みぎをみて。
		＊右左をキョロキョロ	
知っている人	犬	しっているひとにあったら…"スマイル"のポーズ	げんきに あいさつ！
		＊にっこり笑って右手をあげる	

されている。頒布公表されている1セットには，12種類のカードの組がそれぞれ複数組（ペア数はハザードにより異なる），合計52枚が封入されている（詳細は，吉川ら（2005）参照）。取り上げるハザードにバリエーションをつけるだけでなく，動作の速いもの，遅いもの，また発声するもの，しないもの，というように，対応動作にもバリエーションをつけるように配慮してカードを作ってある。これは，前述したように，この時期の子どもたちの運動コントロール能力を高めるという狙いもある。

また，内容はまったく同じであるが，利用法に応じて使い分けることができる2つの判型（サイズ）のカードが準備されている。すなわち，B4版の大判のカードと，トランプサイズのカードである。前者は，大人数を対象とした一斉実施用で，動作を実際にとりながら行うゲームを実施する場合に適している。後者は，少人数での実施用で，動作をとることもできるが，ハザードと一次対応行動とのペアを，カルタのようなルールで学ぶ方式でも活用可能である。

[2] 手続き

ここでは，大判カードを用いて子どもが実際に動作をとりながら，一次対応行動を学習する標準的な実施方式の概略を紹介する。ただし，「ぼうさいダック」の特徴の一つは，活用の方法を柔軟に変更できる点にあることを再度強調しておきたい。したがって，ここで述べる以外のルールでの活用も十分可能である。

①床に伏せるなど大きな動作を伴うものもあるので，広めの遊戯室など安全にゲームができる場所を確保する。

②基本的な所要時間は，ゲームの説明5分，ポーズ練習10分，ゲーム実施10分，解説10分の35分程度なので，この程度の時間を確保する。

③指導者（幼稚園教諭など）の指導のもと，ハザードが描かれている表面を見て，裏面にある動作（ポーズ）を子どもに学習させる。正しいポーズがとれるように繰り返し練習を行う。この際，ポーズをとるのと同時に声を出す練習をさせることもできる。

④ある程度ハザードとポーズのペアを学習し終えたら，ゲームを開始する。指導者がカードを持って，子どもたちにカードの表面を提示する。子ども

第 3 章 動いて学ぶ：ぼうさいダック　125

写真 3-1　実施事例

たちは，そのカードに合ったポーズを一斉にとる。あわせて，場合によっては，発声もさせる（写真 3-1 参照）。

⑤特に勝ち負けは規定していないが，次のような競争の要素を入れてプレーすることも可能である。たとえば，誤ったポーズをとったら 1 回休み，ポーズをとるのが一番遅かったら 1 回休み，などである。

以上の基本手続きとは別に，頒布中のゲームキットに付属の説明書には，「使い方の工夫」の項が設けられており，いくつかのバリエーションが紹介されている。たとえば，時間の制約に応じて使用するカード枚数を増減することや，椅子とりゲームのように，音楽を流しながらゲームを進め，音楽がストップしたら指導者がカードを提示して一斉にポーズをとらせるなどの工夫である。

このように「ぼうさいダック」は，見かけ上は，つまり，それを楽しむ子どもたちにとっては，指導者が示す刺激（ハザード）に対応した正しいポーズをとる速さを競うゲームである。したがって，ゲームに勝つためには，正解となるポーズをよく覚えておかなければならない。その結果，繰り返し遊ぶうちに，災害発生時にとるべき 1 次対応行動が，ほとんど自動的にとられる身体反応として定着することが期待されている。このように，スピードを勝利条件とするルールは，危険を教える他のゲームでもしばしば活用されている（Meyer et al.,

2006)。

4 実施事例

[1] 実施結果の評価

一般にゲーム型の教材の教育効果を測定することは容易ではない。というのも，ゲームの教育効果は，短期的というよりも，むしろ長期的なものと考えられているからである（吉川，2006）。ただ，「ぼうさいダック」の教育的効果については，筆者らは現在までこれを検証するデータを収集するよう努めている。以下では，これを全市的に展開している呉市の保護者と幼稚園・保育園の指導者の評価を紹介する。なお，詳細な報告は林ら（2008）で行っているので参照されたい。

1）防災訓練に参加した保護者の評価

防災訓練に参加した保護者のアンケートの中にある自由記述から，ぼうさいダックが好意的に受け取られたことがうかがえる。代表的なものを以下に数例挙げる。

- 身体で覚えたことなので，災害時には，必ず役立つと思います。
- 家に帰って，主人と子供と話をしながら，ぼうさいダックを言葉でやってみました。子供自身も，突然の出来事が起こったときに，対応できるよう，これからも言い続けていきたいと思います。
- 家に帰り，娘が2歳の弟に，一生懸命今日のことを教えていました。特に，火事と地震が興味深かったようです。
- 子供たちは，帰宅後，「ダック」と言って遊んでいました。言葉と身体を動かすことは，覚えやすく，とても良いと思いました。

2）保育園，幼稚園の指導者の評価

実施した園の保育士，幼稚園教諭の感想も自由記述で実施後収集した。これらについても，おおむね好意的であった。以下に重要な指摘を含む数例をあげる。

- 今回，ぼうさいダックを通して，実際に災害が起きた時には，どうしたらいいかを絵カードを見ながら学ぶことが出来たり，実際に地震体験をさせ

ていただく事で，子どもたち自身が，自分の命は自分で守るという，命の大切さを，一人ひとりが心から感じることが出来，貴重な経験となったと思います。(後略)(年長担任)
・(前略)これからは，「指示に従って動く」という受け身ではなく，積極的に「自分の命は自分で守る」という意識の芽生えを身に付けられるよう，しっかりと指導していきたいと思います。(後略)(園長)
・(前略)人形や絵カードを使ってのお話は，分かりやすく，子ども達も興味を持ち聞いていました。又，子ども達が一番印象に残っていたのは，地震を体験して「ダック」と言って，頭に手を当てるポーズをすることでした。「今日は地震の勉強したよ」や「地震に乗ったよ」と，お迎えの時に，おうちの人に言っている姿が見られました。(後略)(年中担当)

例を挙げたものに限らず，指導者からの評価は，「ぼうさいダック」が，子どもたちに何を考えさせているのか，その点を評価している点は注目に値する。「ぼうさいダック」は，その見かけ上，災害という「刺激」に対して，単純に「反応」を教えている。しかし，その本質は，それを基盤としつつも，子どもたちが自分たちの身を守るとはどういうことか，ということについて，考え始めるきっかけを与えているといえる。「自分の命は自分で守る」という言葉で端的に表現されているが，災害をはじめとする危険な事象に対して，自分の身を守る主体は自分自身にあることを実感させるツールとなっている。

また，実施方法について，単純にハザードと動作を反復して学習させるだけでなく，そのつながりのプロセス，すなわち，その状況はどういう状況か，またなぜそのような行動をしなければならないのか，園児に考えさせることも重要ではないかという指摘もあった。

[2] 子どもたちの反応

「ぼうさいダック」を使った訓練は，子どもたちにとっても楽しい思い出として心に残っている。年齢が小さいので，言語的なデータをとることが難しいが，筆者らは，次のような方法でゲームの効果を検討しているところである。まず，ふりかえりとして，ぬいぐるみや大人に対して子どもたちが学んだことを教え

写真 3-2　ダックリーダー

るという方法や，よく学んでいるとみられる子どもを「ダックリーダー」として指名し，進行係を任せるというような方法である（写真 3-2 参照）。さらに，訓練後に絵を描かせるということも試みている（写真 3-3，3-4 参照）。

5　進化する教材

　子どもに命の大切さを教えることの重要性は論を待たない。「ぼうさいダック」は，その大切さを幼児の時期から教えることを可能にしている。ゲームは事実に関する情報だけでなく，感情も学べる良い教材であることが指摘されているが（Meyer & Stiehl, 2006），「ぼうさいダック」は，単に防災に関する正解を教えているだけでもなければ，楽しいというだけのものでもないことを強調しておきたい。繰り返すが，子どもたちに考えるきっかけを与えているのである。

　教材というと，ともすれば「どう教えるか」ということに関心が向きがちだが，われわれは「いかに少なく教えるか」ということの大変さを痛感している。防災教材という視点から考えると，どうしても内容を多くしたり，ルールを複

写真 3-3　子どもたちの絵

写真 3-4　子どもたちの絵

雑にしたりしがちである。しかし，そういうやり方は，結果としてプレーヤに受け入れてもらえないということがわかってきた。他方，できるだけルールを簡単にしたり，内容を少なくしたりすると，「それで本当に理解できるのか」という疑問も起こってくる。何をどこまで削ればいいのか，まさに正解のない問題だが，この点を巡る議論は，これまでも行ってきたし，またこれからも，続けていくことになるだろう。

　確かにいえることは，子どもたちが自分で考え始めるとき，そこに多くの情報は必要がないということである。大人が教えなくても，子どもたちが自ら学び，考えていくことは十分可能である。

　さらに重要なことは，「ぼうさいダック」の例でいえば，防災訓練に参加する保護者や，指導者も巻き込んだ学習を可能にしていることである。そこには子どもを中心とした地域での学びの姿がある。実施上の工夫についていえば，これを指導する消防職員が，当初保育士・幼稚園教諭と相談しながら，作り上げ

たものである．それは，実施の過程において，改良を重ねられてきたし，また，最近では民生委員児童委員全体研修会という福祉の場での実践へもつながっている．消防局主体ではなく，幼稚園主体の実践も広がっているところである．また，当初の対象であった年少児だけでなく，使い方を変えて健康体操として高齢者への展開も試みられている．

　このように，多様な主体が関与し，展開していく中で，学習しているのは教えられる子どもだけではない．関与している大人もまた，学習しているのである．その意味で，「ぼうさいダック」は進化する防災教材であると自負している．

＊写真をご提供下さいました広島県呉市の各幼稚園・保育園に感謝します．

引用文献

東根明人　2006　体育授業を変えるコーディネーション運動65選　明治図書
石田繁美・岡　敦子・千葉順子　2004　危険から自分をまもる本—予測学習でふせぐ　ポプラ社
吉川肇子　2006　防災教育にゲーミングを生かす　自然災害科学, **24**, 363-369.
吉川肇子・矢守克也・水村淳一・田和淳一・網代　剛　2005　防災ゲーム「ぼうさいダック」の開発　第7回災害情報学会発表論文集, 307-310.
林　国夫・吉川肇子・矢守克也・田和淳一　2008　防災教育ツール「ぼうさいダック」の開発と実践—呉市消防局の事例を中心に—　日本リスク研究学会誌, **17**（3）, 103-110.
Meyer, T., & Stiehl, N.　2006　教育におけるゲーム利用の可能性　シミュレーション＆ゲーミング, **16**, 83-91.
Meyer, T.・Stiehl, N.・吉川肇子　2006　地球温暖化をゲームで考える　原子力文化　2006年7月号, 3-11.
Piaget, J.　1967　*La psychologie de l'intelligence*. Paris: Armand Colin.（波多野完治・滝沢武久（訳）　1989　知能の心理学　みすず書房）
Scammon, R. E.　1930　The measurement of the body in childhood.　In J. A. Harris, C. M. Jackson, D. G. Paterson, & R. E. Scammon（Eds.）, *The measurement of man*. University of Minnesota Press.
杉原　隆　2000　新版　幼児の体育　建帛社
矢守克也・諏訪清二・舩木伸江　2007　夢みる防災教育　晃洋書房
Zajonc, R. B.　1965　Social Facilitation. *Science*, **149**, 269-274.

第4部

クロスロードの新展開

第1章　市民編
第2章　要援護者編
第3章　感染症編
第4章　食品安全編
第5章　さまざまな展開

第 1 章　　　　　　　　　　　　　　　　　　　　　　　　吉川肇子

市民編

1　市民編作成の経緯

　クロスロード神戸編・一般編は，その素材の多くを「神戸市職員震災エスノグラフィー調査プロジェクト」に取材している。このように基本的に現実に起こった事実に取材していることから，その内容は，災害が起こった後，すなわち「災害対応」が中心であった。また，カードでの役割付与について，「行政担当職員」や「防災関連職員」の立場をとるよう求めるカードが多くなっていた。また，その職名も部局名まで示してあるものもあり，かなり現実に近い設定の問題が多くなっている。

　しかし，「神戸編・一般編」発表後，実際に研修等で体験した方々からのフィードバックを分析したところ，一般市民を主人公としたもの，あるいは，行政担当者と一般市民が共に議論できるような内容のカードが欲しいという要望が多かった。さらに，「災害対応」だけでなく，災害前の備えに関する内容のカードも必要という意見もあった。

　本来のクロスロードは，役割が「市役所職員」と記されていても，「自分がその立場となったとしたら」と，考えることによって，役割取得をしつつ一般市民との議論も可能になるように意図して作られたものである。他方，市役所における職務分掌が十分理解できなければ，心理的に役割投入をしにくいことも確かに事実である。神戸編で役割設定が職名まで記述してあることが，見かけ上一般の人々が使いにくくなっている原因の1つになっているとも考えられた。

　そこで，新たに新潟県中越地震をはじめとするさまざまな災害における聞き

取り，新聞記事等に取材してカードを作成し，これを「市民編」として公表した。市民編においては，災害が起こる前の備えの問題や，災害が起こったあとのことであっても，事前に時間をかけて議論した方がよい問題を中心に取り上げている。

また，市民編の問題の主人公の多くは，「市民」として記述されている。そのほかの役割設定も，神戸編・一般編に比べると，やや曖昧な形で記述されている。たとえば，父親，海辺の集落の住民などである。こうして，むしろ積極的に役割を曖昧に記述したことの利点として，その役割を理解しやすくなったことと，たとえば「どのような仕事をしている父親なのか」というような議論ができるようになったこと，の2つの点があげられる。

2 市民編の内容

公表した市民編は巻末の資料に示す20の問題から構成されている。カードの内容は，防災や地域の安全に関心をもっている一般住民の方々，自主防災組織のメンバー，あるいは，災害ボランティアに関心をもっている方々にお使いいただけるように作問してある。また，市民のみで話し合うだけでなく，市民と自治体職員，あるいは高齢者と若い人々，など多様な立場の方々が一緒にゲームに参加すれば，防災の問題に関して，事前に合意を得ておくことも可能になると考えている。

なお，市民編では神戸編・一般編にないルールと資料（シート）が付加されている。ルールの変更としては，チャンスカード（背景にメダルの描かれたもの）が4枚あることである。このチャンスカードについては，通常各1枚（1ポイント）としてプレーヤに与えられる座布団の数を2倍（青座布団2枚，金座布団2枚）にするという応用的なルールを掲載している。ただし，この応用ルールは，必ず実施しなければならないというものではない。従来の神戸編・一般編と同じルールで実施してかまわない。ただし，以下に述べる問題を深く議論したいときには，この応用ルールを使うことが意味をもつ。

というのも，これらの4枚のカードは，理想の解決がありそうだが，現実にはなかなかそれを実現できないジレンマを扱っているからである。したがって，

単純に「イエス」か「ノー」かの判断を問うた場合，正解（あるいは，建前）を知っているかどうかを聞くだけになりかねない。しかし，作成にあたっては，正解や建前だけが述べられるような，うわべだけの議論にならないようにしたかった。ここでは，この問題の得点を倍にすることによって，ゲームをプレイしている最中に，より注意深く他者の意見を考えるようにしたのである。

また，現実の場面での災害への備えを考えるとき，理想の解決にいたらない理由には，生活が不自由になることや，費用の手当てが困難など，個人個人の価値観や生活のありようが影響していると思われる。そこで，これらの問題について，参加者（プレーヤ）の本音を引き出す道具として，「クロスシード」（Cross Seed）というふりかえり用のシートを用意した（資料1-1）。このシートでは，「専門家の意見」として，推薦行動とその理由を提示した上で，参加者に反論させるというプロセスを入れることにした。このような反論のプロセスを，シートを使って意識的にたどらせることで，プレーヤに災害に対する備えがなぜできていないのか，その理由を率直に話すことができるようにしたのである。

その上で，次の段階として，自発的に災害への備えを実行することにつながるようにしたいと考えた。専門家から正解を教えられたとしても，本人が本当に納得しなければ，実際の行動を起こすのは難しい。このシートを使うことで，個人の本音を引き出しつつも，自分なりの解決法を見いだす手がかりとなるようにねらっている。シード（seed：種）とは，そうした話の種，知恵の種を引き出すための教材の意味での命名である。

3　内容の解説

ここでは，市民編の問題のうち，6問を取り上げて短く解説を加える。

[1] 市民編 5005, 5006

どちらの問題も津波の際の避難を問題としている。いずれも避難し遅れたと予想される人を見に行くかどうかの問題を扱っており，兄弟問題ともいうべき問題である。まず，5005番については，津波が最短10分で来るという状況の時，何をおいてもすぐに避難するのか，それとも近所のおばあさんを見に行く

資料 1-1　クロスシードの例

Cross Seed ～知恵の種～

【市民編 5002】
―滅多に災害なんてこない。

それでも、残り湯をためる？

専門家としては　　残り湯をためる　　をおすすめします。

なぜなら…
◎ 被災地における自治体等からの給水は一人1日平均3リットル程度が目安となっています。
◎ 家庭用の浴槽に入る推量は 180 ～ 200 リットル。トイレ洗浄（大）で1回に使用する水量は 10 ～ 13 リットルが平均。しばらくは安心ですね。
◎ （高層）マンションなどでは、水道は大丈夫でもポンプ（電気）の停止によって上水道が機能しないこともありました。

専門家の意見に "いやだ！"

―といってみましょう。

私は、いやです。
なぜなら…

かどうか（その場合は避難が確実に遅れる）という，多分に心情的な問題も含めて議論できるようになっている。

5006番は，ラジオでは40分前後で津波が来ると予測しているときに，10分で避難は完了したものの，あと30分の余裕があるとして，見あたらない家族を見に行くかどうかを問題としている。現実場面では，ラジオが伝えている40分前後という予測が必ずしもあたるとは限らないため，本当に30分の余裕があると確信して行動して良いかどうか，議論の分かれるところであろう。

他方，実際の津波などの災害の際の住民の避難行動を見る限り，現実にはこれらの問題で想定しているような「迅速な避難行動」は，多いとはいえない。たとえば，2004年の紀伊半島沖地震では避難勧告の対象となった約14万人のうち，実際に避難したのは6%（8600人）であった。2007年11月15日，翌年1月13日と近接して起こった千島沖地震では津波警報が発表された対象地域の人々のうち，避難したのは，それぞれ13.6%，8.7%でいずれも低率である（総務省消防庁，2007）。大雨洪水警報で避難勧告がでる場合でも，おおむね10%程度の避難率であることが河田（2006）によって指摘されている。

もちろん，現実には情報の伝達（警報や避難勧告が本当に伝わっているかどうか）という問題や，災害時要援護者が多い場合，迅速な避難がしにくいという問題があるだろう。しかしここでは，一般に人間には災害に遭う可能性を低く見積もる認知傾向（非現実的楽観主義，unrealistic optimism, Weinstein, 1980）があることを指摘しておきたい。たとえ津波警報や避難勧告がでたとしても，それほどたいしたことではないと甘く見つもる傾向のことである。

また，津波警報は，おおむね2m以上の津波が予測されるときに発令されるが（3m以上の場合は，「津波警報（大津波）」），津波注意報（50cm程度の津波が予測されるとき）であっても，過去に津波による犠牲者がでている例ある（たとえば1983年の日本海中部地震）ということを学ぶきっかけともなるようにしてある。

再三津波の被害に遭っている三陸地方に伝わる「津波てんでんこ」（津波の時は，家族が離ればなれになっても逃げる）という言葉は，津波避難の教訓を厳しく伝えている。市民編のこの2問では，こうした言葉も紹介しつつ，災害時の避難の問題について議論するとよいだろう。

[2] 市民編 5007

　避難勧告がでているのだから，避難した方がいいだろうが，深夜で周囲がよく見えない中を避難することの安全性を議論することができる問題である．また，家族の中に高齢者や子どもがいるという設定であるので，このような場合の安全な避難のためにはさらに慎重な検討が必要になることが議論できる．実際に，夜間の避難で亡くなった方もある．

　議論の進め方としては，夜間に避難することにならないように，早めに自主避難することを考える．夜間に避難しないと決めたとして，たとえば自宅2階に一時的に待避する，などが考えられよう．

[3] 市民編 5008

　見かけ上，「仕事をとるか，家族をとるか」という問題である．神戸編にも，市職員の立場として，類似の問題がある（神戸編1015番：未明の地震後出勤するかどうか）．もちろん，市民編のこの問題も神戸編と同様に公と私のジレンマとして議論してもいいが，災害への備えを主に考えるために作られたという市民編の特徴を生かすならば，現実にこのようなジレンマに陥ることがないようにするためにはどうしたらよいか，そのことに焦点を当てて議論をするという使い方もできるだろう．

　たとえば，家族で事前に連絡方法や落ち合う場所を決めておくことは，具体的な解決方法の一つである．また，伝言ダイヤル171や携帯電話の災害伝言板の使い方をあらかじめ知っておくことや，万が一の電話の輻輳などを考えて手書きメモのような別の方法についても議論しておくことも重要である．もし，家族の安全を早い段階で確認できるならば，職場にとどまって災害対応の仕事を継続することも可能になるからである．家族の安全を確認するために帰宅する人が少なくなれば，道路が帰宅困難者であふれるというような状況も軽減されることが期待できる．

[4] 市民編 5009

　問題文中では犬であるが，飼っているペットを震災の際にはどうするのか，ということを問うた問題である．ペットを飼うことができるマンションも増え

て，プレーヤにとっては身近な問題の1つである。飼っている人にとって，ペットは家族同然だが，動物が嫌いな人やアレルギーのある人にとっては，避難所で動物と一緒にいるということは耐えられない状況といえる。

現実に類似の問題が起こっている。2007年7月19日付中日新聞では，中越沖地震で自宅が半壊状態になった家族が，「犬がいては避難所に入れない」と12歳のゴールデンリトリバーとともに車庫で暮らしていることが紹介されている。

この問題は，ペットを飼う以上，災害の時にどうするかということまで考えておく必要があることを指摘するものとなっている。たとえば，自分が住む地域では，災害時ペットがどのように取り扱われるのかについて情報を得ておくことが重要になるだろう。一時的な預かり施設を用意する地域もあるし，災害時にペットの世話をしてくれる団体などもある。また，仮に避難所に連れて行っても，トラブルを起こさないような日常のしつけや，近隣の人に普段から慣れておいてもらう（そのためには近所づきあいがあることが前提となるが）ことなども重要になるだろう。このように，この問題を通して，共助の問題を市民編5001（自治会に入るか？）とは別の視点から，議論することもできる。

また，この問題では犬種と年齢を「ゴールデンリトリバー，3歳」と限定しているが，そのことにも意味がある。クロスロードは，神戸編・一般編においても「状況が異なればどうなるか」という議論をすることを勧めているが（矢守ら，2005），問題文で犬種や年齢を特定することで，かえって「別の犬種だったらどうか」「犬ではなく，猫ならどうか」「は虫類はどうか」というように，条件を変えて，状況を想像しながら議論を広げていくのには適した問題となっている。

[5] 市民編5010

ボランティア保険の掛け金負担をどうするかという問題である。すでに公表した一般編2018にほぼ同内容の問題がある。災害時にボランティア活動をする人が増えてきた一方で，ボランティア保険の存在そのものも知らない市民も少なくないことから，市民編にも再度取り上げることとした。

災害時にボランティアとして参加する際に加入するボランティア保険の掛け

金は，引き受ける保険会社や補償内容によっても異なるが，おおよそ600円から700円程度である。ボランティア保険は，ボランティア自身の事故や感染症などを補償するほか，物損事故も補償することになっている。

　この問題が提起しているのは，1人あたりの掛け金は少ないが，ボランティアの総数が多くなったときに，自治体が負担するのはかなり財政的に困難になるという問題である。たとえば，2004年7月の福井豪雨の時には，1ヶ月弱でのべ約6万人のボランティアが参加している。この例に限らず，1日に1000人，2000人を超える数のボランティアが集まるところもある。地方自治体の視点で見れば，このかなりの額をどのようにして支弁するのかということが問題となる。その一方で，ボランティアは，食料や宿泊の用意も含めて自分で用意するという前提で活動をしてもらっているということを考えれば，せめて掛け金くらいは受け入れ側で用意すべきという考え方もあるだろう。

　前述したように，そもそもボランティアをするためにはまず保険に入る必要があることすら知らない市民も多い。そういう市民に，ボランティア保険というものがあると知ってもらえるという意味では，啓発のツールとして活用できる問題である。クロスロードを評価してくださる方の中には，クロスロードが現実にある問題を教えてくれるので親切である，といわれる方がある。5010番は，保険の存在を知ってもらった上で，このことに関して実際の場面ではどのような問題があるのかについても知ることができる。この意味ではクロスロードらしい設問となっているといえよう。

4　市民編の活用

　市民編は，すでに公表から4年あまりが経ち，多くの方にお使いいただいている。神戸編・一般編および市民編は，いずれも市販という形で頒布しているので，筆者らがすべてその利用場面を知っているわけではないことをお断りした上での話だが，神戸編・一般編が地方自治体での研修などに多く活用されているのに対し，市民編は主に自主防災組織や学校などで使われているように伺っている。また，災害体験（特に阪神・淡路大震災）のある関西地区では神戸編・一般編を利用される方が多く，災害体験の少ない関東地区では市民編を利

用されることが多いという傾向もあるようだ。
　市民編は，神戸編・一般編に比べて，地震保険やボランティア保険，津波注意報・津波警報など，災害に関する基礎的な知識も得られるような問題を多く含む。その意味では，講義やパンフレットに代わる啓発ツールとしても利用可能である。参加しているプレーヤ同士で問題を議論しながら，これらのキーワードについて自然と学ぶことができるようになっている。
　また，啓発という視点で見ると，たとえば市民編5014番は，次のような使い方をすることも可能である。この問題は，「避難所で持参の非常持ち出し袋をあけるか（あけて中の食料を食べるか）」という問題であるが，この問題を提示すると多くの市民は，「食料を持たない他の人の前では，持ち出し袋をあけられない（すなわち，ノー）」と回答する。その場合には，「もし非常持ち出し袋を本当に使うためには（すなわち，人前であけることができるようにするためには），他の人も非常持ち出し袋を持っていることが前提となる」ということに気づいてもらうという使い方ができる。災害の際には自分だけ備えていれば十分というものでもない。ここでもまた，共助（地域全体で備えていくこと）の重要性を，他の問題とは別の角度から議論することができるだろう。
　さらに，神戸編・一般編はその性質上「（阪神・淡路大震災の）体験や教訓から学ぶ」という意味合いが強い。これに対して，市民編はこれから起こるであろう災害に対して想像を巡らせながら，事前に解決法を話し合うのに向いているという特徴がある。災害を知る上では，またそれに備えるためには，どちらの学習も重要だが，利用される方の目的に応じて，使い分けていただければと思う。

引用文献
中日新聞　2007　お父さん待つ日々　2007年7月19日付
河田惠昭　2006　南海地震60年　自然災害科学, **25**（3），375-379.
総務省消防庁　2007　千島列島を震源とする地震による津波避難の状況と今後の対応（1月30日付報道資料）
Weinstein, N. D. 1980 Unrealistic optimism about future life events. *Journal of Personality and Social Psychology*, **39**, 806-820.

矢守克也・吉川肇子・網代　剛　2005　防災ゲームで学ぶリスク・コミュニケーション
　　—クロスロードへの招待—　ナカニシヤ出版

第2章

矢守克也

要援護者編

1　要援護者編作成の経緯

　近年，日本は数多くの自然災害に見舞われている。特に，2004年は，観測史上最多となる10個もの台風が日本に上陸し，梅雨期から秋期にかけて数多くの風水害，土砂災害が発生した。特に，福島県，新潟県，福井県，兵庫県，三重県，京都府，愛媛県などで大きな被害が出た。さらに，同年10月には，新潟県を強い地震が襲った。新潟県中越地震である。

　これらの災害に特徴的であったのは，高齢者に被害が集中したことであった。中越地震では，死者48名中，65歳以上が27名（56%），2004年1年間の風水害・土砂災害による死者238名中，65歳以上は126名（53%）を占めた。特に，新潟・福島豪雨災害（2004年7月12～14日）と，福井豪雨災害（2004年7月17～18日）に限れば，死者の合計（20人）の85%を65歳以上の高齢者，55%を75歳以上の高齢者が占めた（田中，2004）。

　こうした事態をうけ，また，近年急速に進む社会の高齢化を踏まえて（政府によれば，高齢化率（全国平均）は2004年で19.5%，2025年には28.7%になると推計されている），近年，防災・減災対策の中心テーマの1つとなっているのが，災害時要援護者対策である。「災害時要援護者」とは，災害時要援護者の避難対策に関する検討会（2006）によれば，「必要な情報を迅速かつ的確に把握し，災害から自らを守るために安全な場所に避難するなどの災害時の一連の行動をとるのに支援を要する人々」を意味し，具体的には，高齢者，障害者，外国人，乳幼児，妊婦などが念頭に置かれている。

2005年に本格化した政府の取り組み（たとえば，同年9月に発足した「災害時要援護者の避難対策に関する検討会」）を受けて，全国の市町村における対策・取り組みも，わずかずつではあるが進んできた。消防庁が，全国の市町村（1827団体）を対象に，2007年度末に実施した調査結果（消防庁防災課，2008）によれば，災害時要援護者対策について，防災関係部局や福祉関係部局等からなる検討委員会を設置している市町村は，2005年度の153団体（8.3％）から2006年度には288団体（15.8％）に増えた。また，「災害時要援護者の情報（災害時要援護者リスト等）について，防災関係部局で把握しているか」という問いに対して，管内全域または管内一部の災害時要援護者の情報を把握していると答えた団体も，2005年度の434団体（23.6％）から2006年度には470団体（25.7％）へと微増した。

「クロスロード」のプロジェクトでも，津波災害における高齢者に対する避難支援など，災害時要援護者の支援に関係する問題を，従来からとりあげてきた。しかし，この問題の緊急性，重要性に鑑みて，本事案だけを集中的にとりあげた新たな設問セットを「クロスロード：要援護者編」として作成することにした。

作成作業は，広島県呉市，具体的には，同市の防災部門，福祉部門，および，同市社会福祉協議会との共同作業の形をとった。呉市は，芸予地震（2001年）の被災地であり，避難が困難な斜面地に多くの住宅が立地するという地理的条件を抱えることもあって，従前から災害時の要援護者支援に強い関心と問題解決へ向けた熱意を抱いていた。また，それ以前から，「クロスロード（神戸編・市民編）」を活用した防災研修会にとりくみ，2004年度，2005年度の2年間で，自主防災組織118人，市職員271人もの人びとが「クロスロード」を体験していた。

2　要援護者編の内容

「クロスロード：要援護者編」は，合計20の設問から構成した。表2-1は，その一部を示したものである。表2-1の通り，「要援護者編」でも，他のバージョンと同様，意思決定者の立場，場面設定とも，できるだけ具体的かつ多様な

表 2-1 「クロスロード：要援護者編」

番号	あなたは……	基本設定	YES	NO
1)	防災担当職員	災害時の支援を考えて，市役所の福祉課に保管されている要援護者のリストを，新たに自主防災組織の役員，ボランティアなどに提供してはどうかとの意見がある。賛成する？	賛成	反対
2)	福祉担当職員	高齢者宅で，その地区に河川増水により避難勧告がでたことを知った。しかし，本人は「面倒だし，このくらいの雨はいつものこと」といって避難をいやがる。それでも避難してもらう？	避難してもらう	本人にまかせる
3)	障害者の家族	大地震から 24 時間。半壊の自宅より避難所の方が安全だが，多くの人の中でうまくやっていけるかどうか心配。避難所に行く？	避難所に行く	自宅にとどまる
4)	施設の介護職員	大災害時は避難所の絶対数が不足するが，それでも障害者や高齢者のみを受け入れる福祉避難所を，通常の避難所とは別に設置すべきという意見がある。賛成する？	賛成	反対
5)	施設の介護職員	大地震から 3 日経過。高齢者，障害者等の緊急受け入れで，従来からの入居者やその家族からクレームがでている。受け入れを続ける？	受け入れを続ける	受け入れを断る
6)	ケアマネージャー	大災害後，地域の高齢者の安否確認や訪問支援の作業は，介護保険を適用したサービスとして行うべきか，それとも（専門）ボランティアとして行うべきか，決めかねている。介護保険適用のサービスで行う？	介護保険適用	ボランティアでやる
7)	ホームヘルパー事業所長	担当している要援護者が地域外の避難所に避難していることがわかった。余震が続き，危険だが，担当のホームヘルパーを避難所に派遣する？	派遣する	しない
8)	福祉局職員	通常でも過剰労働気味なのに，震災後は，ご遺体の対応や要援護者の確認など休む暇もない。肉体的にもう限界と自覚するが，交代要員がいようはずもない。それでもいったん休憩する？	休憩する	休憩しない
9)	福祉局職員	大地震から 24 時間。要援護者をサポートするのに圧倒的に人手不足。この際，介護や介助の経験のないボランティアにも手伝ってもらう？	手伝ってもらう	やめておく
10)	ホームヘルパー	大地震から 24 時間。日常サポートしている独居老人が被災，その自宅は半壊状態。近所の避難所（小学校）は，まだ大混乱状態。それでも避難してもらう？	避難してもらう	自宅にとどめる

ものとなるよう配慮した。

3　内容の解説

ここでは，表2-1に掲げた10題から2問を選んで簡単な解説を加えておきたい。

[1] 要援護者編1番

本設問は，要援護者に対する支援問題の中でも，現在，もっとも大きな注目を集めている課題を取り扱っている（最新の動向については，消防科学総合センター（2008）を参照）。本問について，イエス（賛成）およびノー（反対）の理由，根拠としては，以下のような見解が示されることが多い。

まず，イエス（賛成）の理由・根拠としては，
- 防災（命）に関わることだから，必要なことは何でもすべき
- 災害時要援護者の被害は，今も非常に多くこれからも増える
- 災害時だけでなく，ふだんのお世話にも役立つ
- 何でも自治体任せの時代は終わった。これからは民がやらねばならない

などの意見が提示される場合が多い。また，
- 地元の民生児童委員などはいいが，他地域から来るボランティアにまで提供するのは行き過ぎ
- 本人の同意が絶対条件
- リストを所有する人から取り扱いに関する誓約書などをとること
- 事前（平常時）ならそれなりの意味もあるが緊急時では混乱するだけ
- 緊急時はやむを得ないが，事前（平常時）は管理が行き届かない

といった条件付という意見もある。

逆に，ノー（反対）の理由・根拠としては，
- プライバシー保護の観点から不可能だ
- 個人情報の目的外使用に該当する恐れがある
- リストが悪質な業者などの手にわたる恐れがある
- かえって自治体（行政）の責任放棄につながらないか

・「あなたがこの人を助けねばならない」といった責任が生じるのは望ましくない

などの見解がある。

　この問題については，全国の自治体も対応が遅れているのが現状である。朝日新聞の調査（2006年1月）によれば，全国の主要71自治体のうち，「防災目的の台帳はない」が55%，「行政組織内で台帳を作成・共有し外部提供はなし」が21%と，この2つで全体の4分の3を占めている。一方，「本人同意を得て台帳作成」は8%，そして，「本人同意を得て台帳（リスト）を作成し自主防災組織などに提供」しているのは15%に過ぎない。また，2004年の台風23号の被災地豊岡市で障害者を対象に実施されたアンケートで，こうしたリストへの登録希望が299人中166人（約56%）にとどまるなど，該当者の意向も必ずしも一枚岩とはいえない。

　しかし，本章冒頭で指摘したように，高齢者をはじめとする災害時要援護者に対する防災対策は待ったなしの課題である。この問題に関して，2006年3月，内閣府は「災害時要援護者の避難支援ガイドライン」を公表し，そこでは，「平常時からの要援護者情報の収集，共有が不可欠である」としている。個人情報の保護という懸案についても，たとえば，福祉目的で入手した情報を避難支援に利用した場合，たとえ本人の同意が得られなくても，明らかに本人の利益となり，「保護法上の個人情報の目的外利用が可能な例に該当する」と，これまでよりも踏み込んだ解釈を示している。

　最終的には，「リストだけあっても仕方ない」，「少数の人だけがリストをもっていてもダメ」という意見にみられるように，デイケア，訪問介護といった日常的な福祉活動，あるいは，防災マップづくりなどの日常的な地域防災活動を通して要援護者の存在をみなが知ることが，回り道のようで一番確かな方法かもしれない。こうした草の根の動きと自治体が所管するリストとを上手に組み合わせて互いが互いを補完する関係を作ることが重要であろう。

　ごく最近の例を一つだけあげるならば，2007年3月に起きた能登半島地震の際，被災地となった輪島市門前町地区では，「民生委員が独居や病弱な高齢者の家を色分けした地図を作成しており，地震発生4時間後にはすべての要援護者の所在が判明した」（朝日新聞，2007）。もちろん，こうしたとりくみは輪島市

に限られたものではなく，他の自治体でもこれと類似の事例が見られる。これらについては，たとえば，災害時要援護者の避難対策に関する検討会（2006）に「先進的・積極的な取組事例」として，いくつかの具体的な事例が紹介されているので，ぜひ参照されたい。

[2] 要援護者編3番

　本設問は，本来，より手厚い支援を受ける必要がある要援護者，あるいは，その家族が，多くの人が狭い空間で生活せざるを得ず，また，必ずしも生活環境が整備されていない避難所などへの避難をためらう場合もあるという問題をとりあげている。

　たとえば，2004年の台風23号による水害の被災地，および，中越地震の被災地における要援護者支援をテーマとして実施された聞きとり調査の結果についてまとめたレポート（内閣府，2005）には，次のような意見が紹介されている。「長期の避難生活が必要な場合には要援護者が気がねなく，設備の整った安全な生活を送れる場所が必要である」，「古い施設や学校の体育館の場合，身障者用トイレがなく，中には洋式トイレではないところもある」，「足が不自由であるため，起きあがる時につかまる所が無ければ，起きあがることが出来なかった。そのため，避難所では一人で寝起きができなくて困った」，「障害を持っていると，集団生活では他人に気を使うから，福祉施設等の専門の施設や避難所の中でも特別なスペースを確保して欲しい」といった意見である。

　以上に掲げたような事由から，避難所で活動的に動くことや社会参加が否応なく制限され，その結果として生じる「生活不活性病」（心身の機能が低下する）も，高齢者，障害者を中心に問題になった。「避難所にいくという選択肢もあった。だが，自宅を離れなかったことが，体調の悪化を辛うじて防いでいる」（朝日新聞，2004）という高齢者や障害者がいたことも事実である。

　さて，実際のゲーミングの場面では，イエス（避難所に行く）の理由・根拠として，

　・余震の方が心配
　・避難所に行かないと，食料，情報などが入手できない
　・避難所には，医療，看護，福祉の専門家，ボランティアも集ってくるはず

などが提示されることが多く，同時に，
 ・トイレなどがバリアフリー（最低，洋式）であること
 ・民生委員，福祉施設関係者など，経験あるスタッフがいること
などが条件にあげられる場合も多い．
　反対に，ノー（自宅にとどまる）の理由・根拠としては，
 ・一般に避難所の環境は障害者には大変
 ・環境がある程度整っているとしても環境の急変は心身によくない，慣れた自宅がよい
 ・周囲の人への気がねがある
 ・周囲の人びととの理解がえられないと思う
 ・本人がいやがる
といった項目が指摘される．

　いずれにしても，本設問をより抜本的に解消するためには，避難所の生活環境の改善が，強く望まれるところである．実際，ここに来て，災害時の要援護者への対応を念頭に置いた具体的施策が国の対策指針に盛り込まれるなど，この面での取り組みが開始されつつある．具体的には，「福祉避難所」を事前に設定・確保すること，一般の避難所にも，特に支援が必要な被災者のための相談窓口や特別のスペースを設けること，避難所などでの要援護者支援のために自治体職員，ボランティアなどが一体となった組織を事前に設定して協力体制を構築しておくこと，保健師，看護師などを広域的に派遣する体制を整えておくこと，などである．

　このうち，災害時要援護者の避難対策に関する検討会（2006）によれば，「福祉避難所」としては，「施設がバリアフリー化されているなど，要援護者の利用に適しており，生活相談職員等の確保が比較的容易である老人福祉センター，養護学校等の既存施設を活用」することが想定されており，適切な施設がない場合には，必要に応じて，「公的な宿泊施設，民間の旅館，ホテル等の借り上げや，応急的措置として，教室・保健室を含め，一般の避難所に要援護者のために区画された部屋を「福祉避難室」（仮称）として対応することも効果的」とされている．同時に，災害救助法が適用された場合，市町村等が福祉避難所を設置したとき，生活相談職員の配置，器物等の費用について国庫負担を受けるこ

ともできる。

　また，要援護者対策にあたっては，こうした行政のとりくみとともに，幅広い人びとの意識改革も強く求められ，各地で積極的な試みが展開されつつある。たとえば，東京都練馬区，静岡県御殿場市，和歌山県田辺市などでは，地域の中高校生が高齢者や障害者の避難訓練に参加するなどしている。日常から地域全員で，要援護者の避難および避難後の生活をバックアップするという心がけ，および，そのためのノウハウの共有につとめることも重要である。体力的あるいは精神的により余裕のある被災者が，(行政の) 支援を受けるだけの立場になるのと，より厳しい状況に置かれた人びとを支援する側にまわるのとでは，被災地全体として，その差異は想像以上に大きいといわねばならない。

引用文献
朝日新聞　2004　被災あの日から (新潟県中越地震) (上)：覚悟決め「家にいる」　2004年11月23日朝刊
朝日新聞　2007　高齢者マップ威力：安否確認4時間で　2007年3月30日朝刊
内閣府　2005　既往災害における災害時要援護者の避難支援の状況　内閣府「災害時要援護者の避難対策に関する検討会」(第1回) 資料2
　　http://www.bousai.go.jp/oshirase/h17/051003giji/shiryou_2.pdf　[情報取得2007年4月10日]
災害時要援護者の避難対策に関する検討会　2006　災害時要援護者の避難支援ガイドライン
消防庁防災課　2008　市町村における災害時要援護者の避難支援対策への取組状況調査結果について　季刊消防科学と情報, **92**, 13-22.
消防科学総合センター　2008　特集：災害時要援護者　季刊消防科学と情報, **92**, 5-51.
田中　淳　2004　豪雨災害と高齢者　季刊消防科学と情報, **78**, 30-33.

第3章　　　　　　　　　　　　　　　　　　　　　　　　　　　吉川肇子

感染症編

1　感染症編作成の経緯

　感染症を問題領域として取り上げた大きな理由として，近年の新興・再興感染症への関心の増大があげられる。

　新興感染症（emerging infectious disease）とは，WHO（1997）の定義によれば，「かつては知られていなかった，この20年間に新しく認識された感染症で，局地的に，あるいは国際的に公衆衛生上の問題となる感染症」である。例としては，SARS（重症急性呼吸器症候群），HIV（後天性免疫不全症候群），エボラ出血熱，ウエストナイル熱，ラッサ熱，高病原性鳥インフルエンザなどがある。また，この1，2年特に，鳥インフルエンザが変異した結果として起こる新型インフルエンザの世界的な大流行（アウトブレイク，outbreak）が懸念されている（厚生労働省，2006;押谷，2007など）。

　再興感染症とは，「かつて存在した感染症で公衆衛生上ほとんど問題とならないようになっていたが，近年再び増加してきたもの，あるいは将来的に再び問題となる可能性がある感染症」（WHO, 1997）と定義されている。再興感染症（re-emerging infectious disease）の代表的なものは結核であるが，そのほかにもマラリア，デング熱などがある。結核については，須知（2004）は，再興感染症の定義と結びつけて，そもそも結核が公衆衛生上の問題となっていなかった時期が本当にあっただろうか，という問題を提起し，結核を依然として重要な疾患として「再考」すべきものであることを指摘している。2006年には，いずれもフィリピンでの感染であるが，狂犬病により2例の死亡例があり，こ

れが日本での36年ぶりの発症確認例として関心を集めた。

　感染症においては，公衆衛生上望ましいと考えられる方策が，個人の利害と対立することが多くある。たとえば，感染を防ぐ一つの有効な手段として，感染者の隔離が重要となる場合には，患者本人にとってみれば，それは行動や人権の制限につながっている。

　感染の拡大を防ぐためには，患者の居住地や行動範囲などを明らかにすることで，多くの人が患者と接触の可能性があったかどうかを知ることができる。他方，そのことが患者の特定につながると懸念されることもある。具体的な例でいえば，2003年にはSARSに感染した台湾人医師が観光客として来日した際には，その旅行行程を公表するかどうかが一時議論となった。結果的には公表されたが，当初立ち寄り先のホテルや食堂をはじめとする観光産業への経済的打撃があるのではないかと公表を差し控えることも検討されていた。

　このように，感染症の問題は，医学的な見地だけから意思決定することはできない問題を多く含んでいると考えられた。実際，保健所をはじめとする住民や患者対応の現場では，どうすべきか迷うような事例がたくさんあることが，筆者の聞き取り調査の結果わかった。しかし，正解といえるものはないとしても，これらの問題について，発生する前から何らかの形で議論し，社会としてある程度の合意を得ておかなければ，特にアウトブレイクが懸念されている新興感染症の対応を適切に行うことはできない。学校閉鎖や移動制限，自宅待機などの社会的隔離の問題は特に，市民の事前の了解なしに実施すれば，その正当性が議論になるだろうと推測される。したがって，感染症編は，専門家と市民との意識の乖離が大きいと思われるような問題を中心に作問した。

　作成作業は，以下の通りである。まず筆者が感染症の対応経験のある3カ所の地方自治体の保健管理部局および研究所の聞き取りを行って，問題案を作成した。このうち，2部局（熊本県健康危機管理課，横浜市健康福祉局）については，問題案についてコメントをいただき，そのコメントをもとに問題を修正した。さらに，筆者が分担研究者として参加した厚生労働省科学研究費補助金新興・再興感染症研究事業「大規模感染症発生時の効果的かつ適切な情報伝達の在り方に関する研究」の研究メンバーの先生方からの問題提供および修正を経て，最終的に59問の問題を作った。ここから20問を選択するにあたっても，

公衆衛生学，感染症を専門とするメンバーを含む研究班内で議論を重ねた。

2 感染症編の内容

公表した感染症編は表3-1に示す20問から構成されている。カードの内容は，社会的合意が必要になるような，すなわち，市民と専門家（感染症研究者，医師，行政）がその場で問題のありかや性質を共有できるようなものを中心に選んでいる。他方，感染症についての知識がほとんどない市民が多いことから，クロスロード市民編と同様，市民の啓発につながるように，新型インフルエンザやSARSのような新しい言葉や，レジオネラ症，結核，ノロウィルスなどの比較的発生頻度の高い感染症も問題に含めてある。

ルール，クロスノート，実施の手引きなどは，基本的には神戸編・一般編を踏襲しており，市民編にあるようなクロスシードのようなシートや新しいルールは付加されていない。

3 内容の解説

ここでは公表された20問のうち，新興感染症の代表的な例としての新型インフルエンザと，再興感染症の代表的な例としての結核を主に取り上げて解説する。

[1] 新型インフルエンザ

公表されている感染症編のうち，11問が新型インフルエンザに関係した問題となっている。これは，新型インフルエンザの発生と大流行が近い将来に懸念されていることから，この問題について，議論し社会的な合意を目指すことが重要であると考えたからである。

ただし，新型インフルエンザのアウトブレイクは誰もが体験したことがない状況であるから，実際にどういうことが起こるのかを，正確に予測することは不可能である。そのため，問題の状況設定にあたっては，これまでのSARSや鳥インフルエンザなどの類似の事例と，厚生労働省の新型インフルエンザ対策

表 3-1 「クロスロード：感染症編」

	整理番号	あなたは……	基本設定	YES	NO
感染症編	8001	保健所長	SARS患者の立ちまわり先のホテルで床までアルコール消毒。非科学的だから中止すべきだと専門家が主張している。消毒を続ける？	続ける	中止する
感染症編	8002	看護師	勤務する病院に、新型インフルエンザの患者の受け入れが確定。しかし、自分を介して保育園に通うわが子に感染するのではないかと心配。理由をつけて欠勤するか？	欠勤する	出勤する
感染症編	8009	感染症研究者	新型の感染症が発生。当該の分野の専門家は少なく、マスコミからの取材が殺到。対応していたら状況の解明が遅れる。他方、一般への情報提供も責務と感じる。マスコミに対応する？	対応する	対応しない
感染症編	8016	本庁の担当課長	他県の特別養護施設でノロウィルスによる死亡者多数。マスコミから本県施設は大丈夫かと問い合わせがあり調査したところ、集団感染がある施設が発見された。すでに終息に向かいつつあるが、施設名を公表するか？	公表する	公表しない
感染症編	8017	保健所長	新型インフルエンザの報道が増えつつあるところへ、ある養鶏場で鳥インフルエンザが発生。農政課職員は予防的にタミフルを飲んだが、近隣の住民からもタミフルを飲ませて欲しいと要望が来た。要望に従って投与するか？	投与する	投与しない
感染症編	8019	保健所長	大きな集団感染事件が発生。取材が増えて本来の業務ができない。所内で検討したい案件もあるが、密着取材をされて話もうかつにできない。思い切って記者に「出て行ってくれ」というか？	言う	我慢する
感染症編	8020	保健所長	結核患者が発生。患者が頻繁に通っていた趣味のサークルの人たちにも検診を勧めたいが、当人からは「感染がわかると以後つきあってもらえなくなる」と、懇願される。この依頼を振り切って検診を勧める？	勧める	様子を見る
感染症編	8022	ホテルの経営者	新型インフルエンザ患者が発生とマスコミが連日報道している。折も折、近隣の病院の看護師数名から宿泊予約が入った。予約を断るか？	断る	受ける
感染症編	8023	大学の保健センター長	職員に結核患者が発生。感染拡大がないか確認するために学内に広く広報すべきと思うが、マスコミに知られると大学の評判が悪くなると大学当局が反対する。ここは押しきって広報する？	広報する	広報しない
感染症編	8027	保健所長	所管の地域で、新型インフルエンザ患者が発生。だが幸いにもまだマスコミ報道では地域名が明らかになっていない。そこへイベント業者からコンサートを中止すべきかどうかの相談が来た。中止を勧める？	勧める	勧めない

表 3-1 「クロスロード：感染症編」（つづき）

	整理番号	あなたは……	基本設定	YES	NO
感染症編	8029	保健所長	レジオネラ症の患者が発生。どこから聞きつけたのか、マスコミは本人がよく行っている日帰り入浴施設を疑っている。しかし、現時点で断定できる証拠はない。念のため施設に営業自粛を依頼するか？	依頼する	依頼しない
感染症編	8030	保健所長	万が一のバイオテロに備えて保健所でも防護服を購入すべきと言う意見がでてきた。しかし、1着50万円と高価。それでも購入して使用訓練をしておく？	購入する	購入しない
感染症編	8037	市民	新型インフルエンザの流行がおさまりそうもない。しかし、自宅にこもっている生活もそろそろ限界。子どもも外に出たがるし、自分も買いものがしたい。しかし感染は恐い。どうする？	自宅にとどまる	出かけてみる
感染症編	8041	病院長	新型インフルエンザが発生。しかし、普通のインフルエンザとの区別が難しい。入院している患者への感染を防ぐため、「インフルエンザの患者は、感染症専門病院へ行ってください」と張り紙する？	張り紙をする	張り紙をしない
感染症編	8042	一人暮らしの大学生	新型インフルエンザが発生すると、多数の死者、感染者が発生し、商品を手にすることができない可能性があるという。とりあえず、マスクや日用品、飲食物などを買いだめしておく？	買いだめする	やめておく
感染症編	8045	宅配業者	アルバイトの1人が結核に感染していることが判明。それほど感染の可能性は高くないので大丈夫とは思うが、念のため担当させていた配達先すべてに検診を勧めるか？	勧める	やめておく
感染症編	8046	ケアマネージャー	担当地域でインフルエンザ発生。派遣しているホームヘルパーにもかかる者多数。全員に休まれては介護が滞る。ここは多少無理しても仕事に来てもらう？	仕事に来てもらう	休んでもらう
感染症編	8049	救急隊長	新型インフルエンザ発生。救急隊員への感染を防ぐためには完全防護服で搬送しなければならない。ただ、搬送段階では通常のインフルエンザと区別しにくい。とりあえずインフルエンザ症状の患者は、全員、完全防護服で搬送する？	完全防護服で搬送	通常装備で搬送
感染症編	8053	町長	新型インフルエンザが発生。集会をすると感染者が増える可能性があると保健所から助言が。町主催の成人式が間近だが、開催する？	開催する	中止する
感染症編	8054	老人介護施設の所長	新型インフルエンザ発生。外部からのウイルスの侵入を防ぐため、入所者の家族であっても、当面、面会などを断る？	断る	断らない

行動計画（2005年。ただし，2007年に再改訂版がでている）を参考にした。

　このうち特に社会的隔離は重要と思われたので，11問のうち3問がこの問題を取り扱っている。具体的には，買い物に出かけるか（8037番），大規模な集会を開催するか（8027番，8053番）の3つである。8027番は保健所長の立場としてコンサート中止を勧めるか，8053番は町長の立場として，成人式を開催するかどうか，ということを，それぞれ問うている。感染が広がっている中で大規模な集会をすれば，さらに感染の拡大が予想されるので，中止することは医学的には望ましい判断となるだろうが，他方，予定されていたイベントを中止することは，参加を楽しみにしている人々にとっても残念なできごとというだけではなく，経済的にも大きな損失になる。コンサートの中止問題では，もし現実にこのような問題が起こるとすると，中止による損失を誰が負担するのかという議論も出てくるだろう。また，この問題では，患者の居住地域が公表されていない時点で，コンサートの中止を勧告することは，結果として居住地域の推測を可能にすることにつながるかもしれないというジレンマも含んでいる。

　公表されている感染症編には含まれていないが，感染者の居住地域の公表にかかわるジレンマを扱う次のような問題もある（8003番）。

　　あなたは，保健所長です。
　　新型インフルエンザの疑い例の患者が発生。マスコミの一部が情報を入手して患者の居住地域の公表を迫っている。公表する？
　　⇒イエス（公表する）／ノー（公表しない）

　市民の立場に立てば，自分の感染を防ぐためには，患者発生地域の情報は必要だが，そのことが患者名の特定や，さらには差別や偏見につながるという懸念もある。

　インフルエンザではないが，実際に起こった類似のジレンマ事例をあげる。2007年の春に関東地区では麻疹（はしか）が流行した。2007年7月24日付朝日新聞によれば，千葉県市川市の教育委員会は臨時休校にした小学校名を「子どもがいじめの対象になったら困る」という理由で公表しなかったが，保健所

には市民からの学校名の問い合わせが多く寄せられたとのことである。同記事によれば，同じ教育委員会が，3週間後に別の小学校で休校を決定したときは，「感染防止のためには地域名がわかった方がいい」という医師会の助言を得て，学校名を公表したということである。このように，現実には判断の揺れる難しい問題ということができる。

なお感染症編は，その作成の当初から，医療関係者向けの研修への活用も視野に入れて作られている。したがって，上記のような問題だけでなく，看護師や病院長，ケアマネージャーなどの職務の人々が実際に直面するであろう問題も含まれている（8002，8041，8046番）。

［2］結核

結核は多くの市民の間では過去の病気としてとらえられているように思われるが，医師や感染症の専門家の間では依然として重要視されている感染症の一つである。この意味で，専門家と市民との意識の乖離が大きい代表的な感染症である。

日本における患者の発生についていえば，結核未感染者の割合の増大とともに学校や事業所での集団感染が問題とされている。また，免疫力が弱まっている高齢者の発病が多く，2002年の新登録患者の4割強が70歳以上の高齢者である（須知，2004）。

このような状況を考えると，感染症編で結核の問題を取り上げ，この問題の重要性を認識し，議論してもらうことは意味があると考えた。そこで，3問の問題を用意した（8020，8023，8045番）。

結核はたとえ発病していなくても，感染しているのであれば，予防的に服薬を継続することが重要であるので，1人の患者が見つかった場合には，その周りの人々に検診と，（感染が判明したならば）服薬を指導する必要がある。他方，そのようにすることは，知人のつながりの中で，患者の名前が明確にわかるかもしれないことを意味する。たとえば，趣味のサークルのような狭い人間関係の中で起こるジレンマの問題を，8020番では問題にしている。8045番は類似の問題であるが，宅配業者の立場で，企業としての社会的責任の問題も議論できるようになっている。

現実の例としては，アメリカの事例であるが，2007年5月に，多くの薬剤が効かない広範囲薬剤耐性の結核に感染した男性が，医師の自粛の要請にもかかわらず，新婚旅行に出かけ，マス・メディアによって実名と顔写真を公表されるという事例があった（朝日新聞2007年6月1日付による）。このときには搭乗便を含め，男性の旅行行程が詳細に明らかにされている。

4　感染症編の活用

感染症編は，公表される以前からいくつかの場所で研修に利用されている。最初に使われたのは，2006年7月20日に熊本県の健康危機管理課が主催したリスクコミュニケーション研修会であり，このときには，公表されている20問とは異なる10問でクロスロードが実施された。幸いにも参加者からは好評で

写真3-1　新型インフルエンザ机上訓練の様子（1）（写真提供：熊本県健康危機管理課）

写真3-2　新型インフルエンザ机上訓練の様子（2）（写真提供：熊本県健康危機管理課）

あり，これがその後の感染症編の展開につながっている。

また，熊本県ではこの後2006年11月18日に新型インフルエンザ対策机上訓練を実施したが，その訓練プログラムの中にクロスロードを組み込むという形で，新型インフルエンザ問題のクロスロードが実施された（写真3-1，3-2参照）。その実施の様子を，当日進行を行った黒瀬の報告（黒瀬・内村，2007）に基づいて紹介する。

机上訓練全体のプログラムは，①事前の検討，②机上訓練当日の関係機関との討議，③事後の再訓練という3段階で構成されていた。クロスロードが使われたのは，この②机上訓練当日の関係機関との討議の部分である。

机上訓練の当日の進行は，さらに①熊本県による新型インフルエンザ対策の説明，②クロスロード，③机上訓練（1と2の2つのシナリオ）の3部構成となっている。机上訓練のシナリオは，予防や準備の問題を議論するための「新型インフルエンザ大流行時に想定される状況」（シナリオ1）と，発生時の対応を議論するための「エックス国帰りの小学校教師等がインフルエンザ様症状を訴える」（シナリオ2）が用意された。

クロスロードの実施については，2次医療圏ごとに，病院，医師会，消防，市町村，保健所から1名ずつ計5名が班を構成した。実施の方法は，クロスロードの標準的な手続きに準じている。使われた問題は計5問で，その中には熊本県が独自に作成した問題も含まれていた。具体的には以下のような問題である。

> 新型インフルエンザが大流行。おりもおり，明日重要な会議を抱えた部下が激しく咳き込んでいる。今日中に準備を終わらせる必要があるが……。帰宅させる？
> ⇒イエス（帰宅させる）／ノー（帰宅させない）

班ごとの議論は，4問実施した。その際の4問の選択基準としては，参加各機関に関係があるような主人公の問題を選んだということである。具体的には，病院長（8041番），救急隊長（8049番）や市町村保健担当課長（8052番，未公表）の問題や主婦の問題（8042番，ただし公表版では主人公をひとり暮らしの大学生に変更）の4問が使われた。また，議論の過程で，クロスノートも記入

した。

　クロスロードをこのような訓練に組み込んだ効果としては，参加者が多様な機関の成員で構成されているために，初対面同士も多かったと推察されるが，クロスロードにより意見が出しやすい雰囲気となり，活発な意見交換が行われたとのことである。結果として，それがこの後に実施したシナリオを使った机上訓練で議論しやすい雰囲気につながったのである。

　クロスロードについての参加者の評価は，「有意義（33人，58%）」と「どちらかといえば有意義（21人，37%）」とをあわせると，全体の94.7%が有意義と回答していた。楽しさについては，「楽しかった（22人，39%）」と「どちらかといえば楽しかった（24人，41%）」を合計すると80.7%が楽しかったと回答していた。

　最後に各地域での検討を促すように地域検討用のシナリオ案を提示して訓練は終了した。研修会終了後の参加者の反応については，各地域での検討も始まり，参加前には具体的なイメージをもっていなかったと推測される市町村からも「マスクなどの備蓄はどう考えればよいか」などといった問い合わせもあったとのことである。

　熊本県の例は，具体的なシナリオを検討する前にクロスロードを使うことが，話し合いをしやすい和やかな雰囲気を作ることにつながったと考えられる。このことは，参加者の評価では「楽しかった」という評価に表れている。また，クロスロードは具体的な場面を提示していることから，新型インフルエンザという未知の事態に対してイメージをつかみやすくする効果もあったと思われる。

　本書の中では，防災の分野におけるクロスロードと他の手法とを併用した使い方を紹介しているが，感染症の分野においてもこのような併用は意味あることと思われる。クロスロード感染症編単体での使用はもちろんのことだが，このように組み合わせての使用の可能性も今後積極的に試していきたいと考えている。

引用文献
朝日新聞　2007a　結核男性愛の迷惑旅行　2007年6月1日付

朝日新聞　2007b　集団感染，過剰配慮も　2007年7月24日付
厚生労働省　2005　新型インフルエンザ対策行動計画
厚生労働省　2006　新型インフルエンザ対策関連情報　新型インフルエンザに関するQ＆A（http://www.mhlw.go.jp/bunya/kenkou/kekkaku-kansenshou04/02.html）
黒瀬琢也・内村秀之　2007　関係機関の意識付けに焦点を当てた熊本県新型インフルエンザ対策机上訓練　保健医療科学, **56**（3），264-270.
押谷　仁　2007　高病原性トリインフルエンザと新型インフルエンザ, 保健の科学, **49**, 669-673.
須知雅史　2004　結核は終わらない　保健の科学, **46**, 561-566.
WHO　1997　*Emerging infectious diseases-Global alert, global response.* World health day, 4, April.
矢守克也・吉川肇子・網代　剛　2005　防災ゲームで学ぶリスク・コミュニケーション──クロスロードへの招待──　ナカニシヤ出版

第4章

吉川肇子

食品安全編

1　食品安全編作成の経緯

　2001年日本でBSE（Bovine Spongiform Encephalopathy，牛海綿状脳症，俗に狂牛病）に感染した牛が発見されて以来，食品リスクの問題は，以前にも増して注目を集めるようになってきた。前年の2000年に雪印乳業の乳製品による食中毒事件や翌2002年の雪印食品の牛肉産地の偽装事件など，前後して食に関して社会的な問題が連続したことも，こうした関心の高まりに影響を及ぼしている。大きく社会問題化したBSE問題は，その後食品安全基本法の制定や，内閣府に食品安全委員会が設置（2003年）されることへとつながっている。

　日本以外でも食品に関する事故はこの数年顕著である。このように食品事故の拡大を招いている原因として，新山（2004）は，次の3つをあげている。すなわち，大量生産・大量流通の経済システム，交通網の発達，貿易障壁を削減する国際的な貿易ルールである。これらの要因のため，ひとたび被害が発生すると規模がきわめて大きくなり，広がる速度も速くなったという。同様の指摘はPowell（2001）も行っており，食品のアウトブレイク（outbreak）は起こりうるということを前提とした上でのリスク・コミュニケーションのあり方を考えるべきだとしている。

　食品安全委員会はリスク分析（Risk analysis, 山田（2004）に詳しい）に基づいた科学的なリスク評価（risk assessment）を行うために設置された。しかし，食品についての科学的なリスク評価を行い，その結果を伝えたからといって，それがそのまま社会に受け入れられるわけではない。他の分野と同様，食

品についても一般市民のリスク認知は専門家のそれと異なっており，そのことがコミュニケーション上の問題を引き起こすこともある（吉川, 2004）。

典型的な対立は，「消費者が食品に対してゼロリスクを求める」という専門家の主張とそれに対する消費者の反発である。もちろん，ゼロリスクを達成することは不可能であるから，このように主張されるとき，消費者が感情的であるとか非科学的であるというようなことが問題として意識されていることになる。しかし，人々がゼロリスクを求めているというのは専門家の誤ったステレオタイプにすぎないことは，リスク・コミュニケーション研究の初期にすでに指摘されているところである（Otway & Wynne, 1989）。

このような対立を抱えたままでは，せっかくリスク分析の仕組みを整備し，それを実現したとしても一般市民の理解を得ることは難しい。コミュニケーションの視点から見ても，すでに Flynn et al.（1993）が，「人々は問題を理解しない」とか「科学的保証を与えるべき」という信念に基づいたキャンペーンは効果がないことを指摘している。彼らによればリスク・コミュニケーションは人々の価値（心理的，社会的，文化的，道徳的）に配慮することが重要であって，科学的合理性はこの代替にはならない。また，Lomax（2000）も，価値の対立は研究の進展や専門家の合意では解決できず，コミュニケーションと信頼をもとにした参加的なアプローチが必要であると述べている。

クロスロードは，このような参加的な手法のうちの，有力方法の一つだと考えている。そこで，クロスロード食品安全編が，食品問題の専門家や公衆衛生の専門家との共同作業で作成された。

2　食品安全編の内容

食品安全編は，現在までに 80 問の問題がストックされ，食品衛生の講習会などで活用されている。2006 年以降は，食品安全委員会の「地域の指導者養成講座」でも研修の一部に活用されている。

当初からの活用のされ方とも関連があるのだが，食品安全編は他のクロスロード問題とはやや異なった性質を持つ。それは，食品問題について，関係者のジレンマや悩みというような心理的な側面というよりも，問題そのもの啓発用

第 4 章 食品安全編

表 4-1 「クロスロード：食品安全編」

整理番号	あなたは……	問題設定	イエス	ノー
9004	大手ファーストフードチェーン品質管理部部長	健康に配慮したファーストフードというイメージが消費者の支持を得て店舗数が増大中。実はフライドポテトの原料に放射線照射をしたポテトを使用している。表示の義務はないが，このことも表示する？	表示する	やめておく
9007	個人の農家	親しくしている隣家の主人から，農薬を散布した際，風のせいでわが家の畑にまで飛散したかもしれないと言われた。農薬の残留が気になるが，検査には 30 万かかる。隣に費用を請求するなんてとてもできない。自腹で検査をしてもらう？	してもらう	やめておく
9008	農協の組合長	当農協が出荷したパセリから，基準値以上の農薬検出。県の農林事務所の調査では農薬不正使用は認められず，各農家のパセリ検査結果も異常なし。再発防止策を指示して，安全宣言を出した。ところが念のため独自で調査した結果から一農家のみに不正な使用を発見。このことを発表する？	発表する	発表しない
9011	個人の農家	減農薬を心がけている。ところが昨年は隣の畑で発生した害虫の影響を受け，収穫が半減で大損害。2 年連続で害虫被害を受けたら今度こそ死活問題。そうなる前に，今年は農薬を使う？	使う	我慢する
9012	ＪＡ技術員	ある農家が，不適切な農薬の使用をしていると，垂れ込みがあった。使用記録を見てもはっきりしない。確かめるには検査をしなければならないが，10 万円かかる。農家は，「疑うのか？」と，逆ギレ。保健所の検査で見つかればＪＡや生産地全体にとって大問題。いっそこちらで費用負担する？	費用負担して検査	あきらめる
9015	妊娠 3 ヶ月の妊婦	マグロが大好物。産婦人科で妊婦はマグロを食べ過ぎないようにと注意されたような気もするが，いちいち食べる量を気にしてなんかいられない。つわりがひどくても好物なら食べられる。なにより栄養補給が第一と思う。まずは食べられるマグロをせっせと食べる？	食べる	やっぱり控える
9019	食品衛生監視員	出張先の東京で回転寿司屋に入ったら，若い板前が素手でしゃりを握っていた。手には汚れた絆創膏。注意する？	注意する	注意しない
9021	給食の調理員	子どもが通う学校でノロウイルス感染症が流行し，昨夜から小学 4 年生の娘も嘔吐と下痢がはじまった。あなたは無症状だが，大事をとって休む？	休む	出勤する
9022	弁当屋の調理員	1 週間のタイ旅行から帰国した。帰国前日から下痢が続いているので，休もうと会社に電話したら，「今日は人手が足りないから這ってでも出てこい。」と社長に怒鳴られた。出勤する？	出勤する	出勤しない
9027	保健所長	管内の医者から食中毒疑いの患者がいるとの通報が入った。早速，食品衛生監視員を患者宅に派遣したが，患者は調査に非協力でどこで何を食べたか教えてくれない。現時点では他に疑い患者が出ている等の情報はない。調査を続ける？	続ける	打ち切る

表 4-1 「クロスロード：食品安全編」（つづき）

整理番号	あなたは……	問題設定	イエス	ノー
9028	食品会社社長	極力食品添加物を使用しない菓子を開発した。しかし，自社の流通体制では，賞味期限をあと10日のばさなければ販売は難しいと指摘を受けた。期限を延ばすためには，さらに数種添加物を使用する必要がある。そんなことをしたら，新製品の意味がない。廃棄覚悟で売る？	売る	やめておく
9031	洋菓子メーカー専務	起死回生を狙い，創業20周年記念で製造したクッキーが思ったように売れておらず取締役会議で問題になった。ただし，賞味期限をあと5日間ほどのばしたなら半分は売れそうという。賞味期限をのばし再出荷を指示する？	する	しない
9033	キャリアウーマンの1児の母	5日後の娘の誕生日には，大得意のケーキを作って祝うつもり。折しもスーパーで牛乳を大特売中。ただし，賞味期限はあと4日。また買い物に来るのも面倒。この際これを買う？	買う	買わない
9035	鮮魚売り場の主任	マグロの目利きには自信がある。先日最高品質と思って買い付けたマグロが，高価格のせいか大量に売れ残ってしまった。消費期限も迫っている。そこへネギトロにすれば，売り切れるとすし売り場主任からの提案が。あなたはネギトロにして売る？	ネギトロにして売る	このまま売る
9043	居酒屋の経営者	最近の健康ブームの影響からか，客から原料の原産地を聞かれることが増えてきた。ライバルの居酒屋でも原産地表示を始めている。だが実のところ，使っているのは安い外国産の材料ばかり。正しく表示をすれば，かえって客足が遠のくかも？それでも表示に踏み切る？	踏み切る	やめておく
9045	主婦	土用の丑の日。魚にうるさい義父は，ウナギは国産に限ると厳しい。でもスーパーには，中国産のウナギしかない。パックから出せば，産地なんてわからないと思う。これを買う？	買う	買わない
9047	30歳のOL	子どものころから食べ物に好き嫌いがある。味噌や豆腐も苦手で，あまり食べない。日頃から健康にうるさい母親から，大豆イソフラボンの入ったサプリメントをとったらどうかと勧められた。これなら毎日食べられると思う。高いけど早速買う？	買う	やめておく
9052	大豆製品メーカー社長	自社が使用する大豆は，分別生産流通管理が行われたもの。最近の分析の結果，4％の遺伝子組換え大豆の混入が分かった。表示は任意だが，遺伝子組換え大豆を使用していると表示した方が正直な気もする。表示を指示する？	指示する	やめておく
9054	かまぼこ製造業社長	小さな会社だが，堅実に販売実績を伸ばしてきた。たまたま1ヶ月前に販売したかまぼこのラベルに，卵白がアレルギー表示から漏れていたと報告を受けた。新聞に社告を出すと費用がかかる。今販売している製品の表示に問題はない。社告を出すのはやめておく？	やめておく	やっぱり出す
9055	個人経営スーパー店長	明日は，ブラジル産牛肉の特売日。真夜中インターネットでブラジル産牛肉にBSEの疑いという情報が。夜中のせいか，政府からはまだ何のコメントもでない。単なるうわさかも知れない。早朝から準備しないと販売は間に合わないが・・・準備をする？	販売準備する	販売を見合わせる

の内容を含んだ問題が多いということである。そのため，後述するように，各設問の状況設定の文章は他のクロスロードの問題に比べて長いものとなっている。

表 4-1 にその問題の一部を掲載した。食品安全編のもう 1 つの特徴として，主人公となる人物の多様さが見て取れるだろう。このことはとりもなおさず，食品問題における関係者の多さを反映している。

3　内容の解説

ここでは，食品安全編が主題としている多様な問題のうち，表示，農薬，食中毒に関する問題をいくつか取り上げて解説する。

[1] 表示

いくつかの不当表示の事件を持ち出すまでもなく，食品表示の問題は消費者にとってはわかりにくく，また生産者にとっては難しい問題である。

たとえば，アレルギー表示については，特定の材料が原因でアレルギーを起こす人が増えてきたため，2002 年から表示が義務化されるようになった（厚生労働省，2001）。しかし，現実には，他業者から製品の原料として購入したものに，表示が義務づけられている物質が入っている場合もあり，すべての対象物質を確認することは難しいこともある。新聞にも，表示漏れを原因とする回収の社告がしばしば掲載されている。食品安全編 9054 番はこのような状況を問題としている。この問題の場合は，自社で製造した商品に卵白が含まれていたが，表示漏れのあった商品はすでに消費されていると推定され，実害が見つかっていない場合に，社告を出すかどうかという決断を問うている。新聞の社告と回収にかかる費用は膨大である。また，回収した食品の廃棄がもったいないという論点もあるだろう。それだけのことを，実際の被害はないと推定されるときに，行う必要があるのかどうかが，議論の焦点となると思われる。

アレルギー以外でも表示のルールは複雑である。特に原産国の表示に関する問題（9043，9045 番）は，現実場面では社会問題になることが多い。9043 番は，原産国表示をして国産でない原料を使っていることがわかれば消費者の足が遠

のくのではないかと懸念している飲食店のジレンマを扱っており，9045番は消費者の立場（主婦）から，原産国にこだわって商品を購入するかどうかを議論できるようになっている。また，この問題を消費者の視点以外から見ることも可能である。「パックから出せば産地なんてわからないと思う」という表現に端的に示されているが，表示通りの品質であると消費者が見抜くことはできないという感覚を食品を供給する側がもつことが，近年頻発した食品偽装問題につながっているといえるだろう。

表示に関しては，9004番では，表示義務はないが，消費者の態度がどちらかといえばネガティブである放射線照射食品の表示をするかどうかが扱われている。また，遺伝子組み換え原料は5％以下であれば表示の義務はないのだが，では，4％含まれているときに表示をするかどうかというジレンマが9052番では扱われている。この問題の主人公から見ると，制度上は「含まれていない」が，現実には「含まれている」ことを知ったのである。法令遵守はしているが，混入の事実を知っている以上，そのまま表示した方が「正直」といえるのではないかというジレンマを扱っている。また，5％以下であれば表示の義務がないという制度のあり方も，現実の遺伝子組み換え食品の論争では，重要な論点となっている。したがって，9052番を議論することで，現実場面での論争についても考えることができる。

消費期限と賞味期限の区別も消費者にはわかりにくいものである。消費期限はおおむね5日程度で品質が低下する食品に使われており，賞味期限は品質の低下が比較的緩やかな食品に対して品質が維持される期限を示したものである。このように賞味期限は，品質の低下がゆっくりであるから，さらに5日程度延長しても商品に問題はないように思われる。しかし，たとえそうだとしても表示の貼りかえは，社会的に容認されるのであろうか。食品安全編9031番は，このような問題を，賞味期限表示の意味を学びながら，議論することができるように作られたものである。

同じ問題を消費者の立場で「賞味期限の切れた商品を買うかどうか」という問題に置き換えたものが9033番である。ここで取り上げている牛乳は，その多くは賞味期限表示がされているが，一部の牛乳（低温殺菌牛乳）は，消費期限の表示であるため，この問題を議論することで，同時に消費期限と賞味期限

の差について，議論を通して学ぶことも可能である。

[2] 農薬

　農薬と食品添加物は消費者の関心の高い問題である。特に農薬については，2003年の食品衛生法の改正により，2006年から農薬のポジティブリスト制度が導入されたという変化がある。

　これまでの残留農薬の規制は，残留基準が設定された農薬についてのみ，その基準を超えた食品の販売を禁止するという制度（残留してはならない農薬のリストがあるという意味で，ネガティブリスト制度という）で管理されていた。しかし，このようなネガティブリスト制度においては，残留基準が設定されていない農薬については，規制をすることができないという問題があった。そこで，ポジティブリスト制度では，基準が設定されていた農薬については従来通りだが，基準の設定されていない農薬については，残留が認められないことになった。この制度を「ポジティブ」リストといっているのは，基準が設定されていた農薬，すなわち使用してもよい農薬のみのリストがあるというという意味である。

　ポジティブリスト制度のもとでは，ある生産者が基準の設定されている農薬を基準内で使っていたとしても，他の生産者が基準の設定されていない（すなわち，ポジティブリストにない）農薬を使っている場合に，それが飛散して自分の作物に残留するというようなケースが問題になる。

　このことを問題として取り上げたのが食品安全編9007番である（隣家の農薬の残留が気になるが，その検査をしてもらうかどうか）。兄弟問題として，検査によって農家の不正使用が発覚したのを農協の組合長の立場で公表するかどうかを問うたのが9008番，JA技術員の立場で不正が疑われる例について検査をするかどうかのジレンマを表現したのが9012番である。

[3] 食中毒

　9019番は，食品衛生上問題と思われる行動を，食品監視員の立場で注意するかどうかということを問題としている。ここで論点になるのは，その行動を目撃したのは食品監視員としての業務中でないという点である。食品安全編の研

修参加者には食品監視員の方も少なくないので，このような問題は，日常の業務と結びつけて身近な問題として話し合うことができるように配慮して問題に組み入れたものである。

近年日本においては，ノロウィルス由来の食中毒が頻発している。高齢者を中心に死者も増えている。それらの事例の多くで，調理員からの二次感染が，主たる原因として指摘されている。したがって，調理員からの食品汚染を防止することは，食中毒（感染症）の防止という点で重要である。これを問題として扱ったのが9021番および9022番である。9021番は給食調理員の立場で，無症状だが二次感染を引き起こすおそれがある時に，仕事を休むかどうかを議論する問題となっている。9022番は明らかに自覚症状があるが（病名はわからない），勤務先で人手が足りないときに，出勤するかどうかを弁当屋の調理員の立場で考えるように作られている。

4 食品安全編の活用

食品安全編は，前述したように，食品安全委員会が主催する研修の一部のプログラムとして利用されている。対象者は，(1) 食品の安全に関する学歴や職歴または資格をもっているか，(2) 地域における食の安全に関する活動経験があるか，のどちらかの人となっており，食品安全に関する地域の指導者養成が目指されている。この場合の使い方は，クロスロードを単品として使うのではなく，食品安全委員会の食品安全性に関する講演の後にクロスロードを実施するという形式になっている。

また，食品安全編は高校生に対しても実施されている。以下では2007年9月に大分県の高校2校で実施された例を紹介する。これは，大分県の「食のウォッチャー」事業の一貫として行われた。問題は問題ストックの中から選んで実施された。漢字を高校生向けに平易にする必要があるなどの実施上の問題点も出てきたが，高校生の評価はおおむね好評であった。表4-2に，高校生のアンケート結果を示す。

クロスロードをやってみて気づいたこととして，「人それぞれの意見に違いがあること」や「自分自身の意見をもつことや選択することの大切さ」が実感

表4-2 私が気づいたこと

回答	人数	構成比
人それぞれ考え方には違いがあり，いろいろな意見がある	33	17.6%
自分自身の考えをもつことや自分自身で選択することの大切さ	31	16.5%
「食」への関心をもつ，「食」について考えることの大切さ	25	13.3%
「食の安全」について意識すること，考えることの大切さ	21	11.2%

(対象者高校1年生188名)

されている。

　このような感想は，アンケートの自由記述の中にも見ることができる。たとえば，以下のようなものである。
- みんなの意見が聞けてよかった。やっぱり1人1人違う意見を持っているなぁと思いました。
- 他の人の話を聞くことが出来，勉強になった。
- 誠実な決断が一番ベストだなぁと感じた。
- 今までそうなんだって思っていたことが違ったり，想像もしてない意見があったのでビックリした。

このほか個別の問題についての感想としては，以下のようなものがあった(一部のみ抜粋)。ここでは主に新しい知識を得たことについて言及したものを中心に紹介している(括弧内は問題番号)。
- 「妊婦の人がマグロを食べ過ぎてはいけない」ってなんか意外でした(9015番)。
- せんべいの話が実話と聞いたとき，アレルギーの恐さを知った(9088番，未公表)。
- 鶏肉は高病原性鳥インフルエンザが発生しても「お肉は別に食べられる」と聞いてとてもためになりました(9084番，未公表)。
- 鶏肉や卵は食べるだけじゃ感染しない(9084番，未公表)。

　高校生にとっては，難しいと感じられる問題もあったようだが，結果として，食品についての知識も議論を通して得ることができており，食品安全編が啓発のツールとして一定の役割を果たしていることがうかがえる。

　クロスロードは，ルールの簡単さから，大人だけでなく，高校生以下でも

きるような問題の作成がしばしば要望されるところであるが，筆者らのグループだけでは作成が間に合っていないという状況もある。

　少なくとも食品安全編は，現在の問題ストックの中から注意深く選択することで，高校生でも十分活用できている。今後は，さらに問題を工夫して，中学生・小学生への普及もはかっていきたい。2005年に成立した食育基本法によって，「食育」への関心は高まっているが，具体的に何をするかについては，まだ模索されているのが現状である。食育の領域にも活用できるように改良をしていくことも考えている。

引用文献

Flynn, J., Slovic, P., & Mertz, C. K.　1993　The Nevada initiative: A risk communication fiasco. *Risk Analysis*, **13**（5），497-502.

吉川肇子　2004　リスクコミュニケーションの考え方と課題　新山陽子（編著）食品安全システムの実践理論　昭和堂　pp.90-108.

厚生労働省　2001　食品衛生法施行規則および乳および乳製品の成分規格等に関する省令の一部を改正する省令等の施行について（平成13年3月15日付け食品保健部長通知）

Lomax, G. P.,　2000　From breeder reactors to butterflies: Risk, culture, and biotechnology. *Risk Analysis*, **20**（5），747-753.

新山陽子　2004　食品由来のリスクと食品安全確保システム　新山陽子（編著）食品安全システムの実践理論　昭和堂　pp.1-20.

Otway, H., & Wynne, B.　1989　Risk communication: Paradigm and paradox. *Risk Analysis*, **9**（2），141-145.

Powell, D.　2001　Mad cow disease and the stigmatization of British beef. In J. Flynn, P. Slovic, & H. Kunreuther. (Eds.), *Risk, media, and stigma; Understanding public challenges to modern science and technology*. London: Earthscan Publications.

山田友紀子　2004　リスクアナリシスの枠組み　新山陽子（編著）食品安全システムの実践理論　昭和堂　pp.22-48.

第5章

吉川肇子

さまざまな展開

　これまでに紹介した市民編，要援護者編，感染症編，食品安全編の他にもクロスロードのさまざまなバージョンが作られてきた。ここでは，それらの中から，問題数が比較的多くあるものについて短く紹介し，その上で，ここまでに述べてきた新展開の意義について述べる。

1　学校安全編

　近年学校での不審者対策，防犯対策への関心が高まっている。また，クロスロード神戸編・一般編は当初大人を主な利用者として想定していたが，学校で利用したいという要望も多く聞かれるようになってきた。それは主に，中学生や小学生をプレーヤとして実施したいということであったが，教員の研修用に学校安全をテーマとした内容のものが必要という要望もあった。
　そこで，高知県教育委員会と，他県の高校教員との共同作業という形で，学校安全編を作成した。学校安全編は現状で30問作成されており，追加を含めて見直しをしている問題もある。その一部を表5-1に掲載した。

2　東海地震編

　東海地震編は，静岡県東部防災局との共同作業で作成作業が始まった。現状のところ，40問が作成されているが，この中には，まだ修正を行っているものもある。また，追加問題も作られつつあるところである。その一部を表5-2に

第4部 クロスロードの新展開

表5-1 「クロスロード：学校安全編」

	整理番号	あなたは……	基本設定	YES	NO
学校安全編	6002	学級担任	あなたの教室は1階。校長から，防犯のため中庭に面している戸の鍵は授業中閉めておくようにいわれた。しかしそれでは火事や地震の時に素早く逃げられないとも思う。校長に思い直すように進言する？	進言する	進言しない
学校安全編	6004	学級担任	不審者が複数学校に入ってきたという情報が伝わって学校中パニック状態。すぐ教室の子供を避難させる？	避難させる	様子を見る
学校安全編	6005	校長	最近の子どもは持久力がない。マラソン大会でもやって鍛えてみたらという提案が教員から出てきた。しかし，校外では交通事故に巻き込まれるかもしれない。ここは安全をとってやめておく？	やめておく	やってみる
学校安全編	6007	校長	教員だけでは登下校時の安全確保はとても無理。PTAに登下校の手伝いを頼むが，一部の親からは「仕事を休めない」と文句が。それでも頼む？	頼む	無理はしない
学校安全編	6013	学級担任	不審者対策に外来者に名札をつけてもらうようになった。今まさに，廊下に見知らぬ人影が。しかし，名札をつけているかどうかが，窓が邪魔になって確認できない。授業を中断して確認に行く？	確認に行く	様子を見る
学校安全編	6014	校長	個人情報保護法案もできたし，不審者も心配だし，職員室の教員の机に鍵をかけるように指導。しかし，いちいち面倒なのか，あまり実行されている様子がない。実行するよう再度言う？	言う	言わない
学校安全編	6016	教員	休日に家族で楽しい外食。帰りがけに暗くなった駐車場に近づくと，人影が。どう見ても高校生がたむろしてたばこを吸っている。注意すべきと思うが，万一襲いかかられたらと，一瞬不安がよぎる。それでも注意する？	注意する	見て見ぬふり
学校安全編	6017	学年主任	市外に自然観察にうってつけの里山がある。子供にとってもいい経験になると確信するが，計画を知った校長からは，事故があったら責任がとれるのかと言われてしまった。確かに100%安全ではないが……それでも連れて行く？	連れて行く	断念する
学校安全編	6018	学級担任	年度当初はぎこちなかったクラスの雰囲気もほぐれて，休み時間の遊びも活発に。しかし，走ったり押したり乱暴なところも目につく。活発な雰囲気に水を差したくはないが，ここはまず注意する？	注意する	しばらく静観
学校安全編	6019	学年主任	安全のために，学年で地区別の集団下校をさせるようにしたが，列を乱してふざける子がいると，他の子から報告があった。すぐに注意するが，改まった様子はない。親にも注意するか？	親にも注意する	親には言わない

表 5-1 「クロスロード：学校安全編」（つづき）

	整理番号	あなたは……	基本設定	YES	NO
学校安全編	6020	学年主任	修学旅行の実施案作成中。自由行動の時間をとるかどうかで，教員の意見がまとまらない。自分としては大いに認めたいが，目が行き届かず事故が心配との反対意見が。自由行動を認める？	認める	認めない
学校安全編	6021	校長	不審者対策に，地域の人や大学生ボランティアが「見まわり隊」を結成してくれた。ありがたいと思っていたが，PTAの一部のからは，本当に信用できるのか？と，疑問の声が。とりあえず信用して頼む？	頼む	見送る
学校安全編	6022	校長	防犯のために1階の教室をすべて2階以上にすべきという意見が教員から出てきた。それでは地震や火事の時に避難が遅くなるとも思う。移動に障害のある子もいる。それでも教室を2階以上に配置した方がいいか？	2階以上に配置	1階にも配置
学校安全編	6023	校長	地域に開かれた学校をめざして，空き教室を地域活動に開放してきた。しかし最近の事件を見るにつけても，多数の学外者の出入りは心配。考え直して，学校開放をやめる？	やめる	続ける
学校安全編	6024	校長	地域ぐるみで開催する学校文化祭。PTAの一部から，食べ物の模擬店を出したいという要望が出てきた。収益は福祉事業に寄付する予定という。目的には賛同するが，食中毒も心配。許可する？	許可する	許可しない
学校安全編	6025	校長	不審者対策に学校に出入りする保護者や地域住民に名札をつけてもらうという案がでてきた。しかし，プライバシーの問題もあると，一部の親から不満が出た。それでも，全員に名札をお願いする？	お願いする	やめておく
学校安全編	6027	校長	高齢者施設や障害者施設での見学や実習を，福祉教育の実践のためにも是非取り入れたい。他方，先方での事故も心配。でも，とりあえず実施してみる？	実施してみる	見合わせる
学校安全編	6028	校長	全校挙げて安全教育に力を入れることに。火事，地震，不審者対策，教えることはたくさんある。しかし，基礎学力の低下こそ心配と保護者か文句が。方針を見直す？	見直す	続ける
学校安全編	6029	校長	老朽化した学校の耐震化。教育委員会からは工事の打診があるが，工事中の騒音が授業の邪魔になりそう。急がなくてもいいのでは？と，在校生の親からは消極論が。それでも工事する？	工事する	工事しない
学校安全編	6030	教育委員会	学校の防犯対策。防犯カメラに無人警備，設備を整えていたら膨大な費用がかかる。予算要求したいが，設備にお金をかけすぎと他部局から疑問の声が。現場の努力で何とかすべき，との声がある。それでも予算要求する？	要求する	要求しない

掲載した。

　東海地震で被害を受けると推定されている地域は，1978年施行の大規模地震対策措置法によって「地震防災対策強化地域」に指定されている。この地域に設置された多数の観測機器が一定以上の変動を感知したとき，東海地震予知判定会議が緊急招集されることになっている。このとき，地震発生のおそれが高いと判定されれば，内閣総理大臣名で「警戒宣言」が発せられることになっている。警戒宣言が発せられた場合にはマスメディアで臨時ニュースが流れ，地域住民の社会生活はかなりの程度制限される。具体的には，交通規制や交通機関の運行停止，デパート等の営業停止（耐震性の確保された店を除く），銀行・郵便局の原則営業停止，学校の原則閉鎖，などである。社会生活が一定程度制限されるという意味では，感染症編と類似の問題構造がある。

　さらに2003年中央防災会議は，この警戒宣言までの情報提供のあり方を見直し，地震発生の切迫性に応じて，予知判定会招集の前に観測情報，注意情報を公表し，また判定会招集後，警戒宣言を発するまでに予知情報を公表するということにした（実施は2004年から）。市民の社会生活への影響という視点から見ると，観測情報では自治体の情報収集・連絡体制の強化，注意情報では児童生徒の学校からの帰宅，旅行自粛の呼びかけが想定されている。

　実際にはこのような事態になった経験が一度もないことから，これらの情報が提供されてからどのような事態が起こるかについては正確に予測することはできない。それだけに論点は多いように思われた。したがって，東海地震編ではこの3種の情報に関するジレンマ問題を多く含めてある。具体的には，それぞれの情報が出てきたときに，関係各機関や市民がとるべき，あるいはとるであろう行動について，また，実際に情報が出たとして地震が発生するまでの時間が長くなった場合にどうなるかという問題が多く取り上げられている。

　なお，東海地震編をもとに，静岡大学では小山真人研究室が中心になって，静岡大学版が作成され（表5-3），2006年10月21日と11月9日の静岡大学の全学防災訓練で使用された（小柳，2007）。学生が対象であることから，設問は学生が主人公で学生生活に関する内容となっている。

　また，静岡県島田市の地域リスク共同研究機構において，東海地震発生を前提としたクロスロードが作られている（第1部第2章参照）。中野（2007）は，

第 5 章 さまざまな展開

表 5-2 「クロスロード：東海地震編」

	整理番号	あなたは……	基本設定	YES	NO
東海地震編	7001	会社社長	東海地震の警戒宣言が発令された。事前の社内対応マニュアルでは社員を帰宅させることにしていたが，年度末の決算時期で営業を止められないのが本音。マニュアル通り帰宅させるか？	帰宅させる	営業継続
東海地震編	7002	宅配業者	東海地震の警戒宣言が発令された。社員の安全も心配だが，生鮮品等も多く現実に配送を止めることなんてとてもできない。得意先からも配送してくれという依頼が多数寄せられている。配送を継続する？	継続する	営業停止
東海地震編	7009	コンビニ店長	警戒宣言発令。直ちにフランチャイズ本部からは一時閉店の指示が来たが，すでに地域住民が大勢買い物に来ている。今閉めるとかえって混乱を招くかも知れない。ここは独自判断で営業を続ける？	続ける	閉店する
東海地震編	7010	大学の学長	警戒宣言発令。地域防災計画では，大学は指定避難所になっていないが，鉄筋で安全だから避難所にすべきとの住民の声が。しかし，避難所運営の訓練すらしていないが……避難所として開放するか？	開放する	開放しない
東海地震編	7013	自治体の防災担当者	南海地震が起こって広域援助が必要な状態に。しかし，歴史を見ると東南海，東海と連続的な発生があり得るという。我が県も強化指定地域にあるため，油断はできない。それでも応援に行く？	応援に行く	様子を見る
東海地震編	7023	高齢者の子ども	「東海地震注意情報」が発表された。父（80歳）は県内の高齢者福祉施設に入っている。施設は業務継続とのことだが，施設まではクルマで2時間かかり，高齢でもあるし心配。しばらく自宅に引きとるか？	引きとる	引きとらない
東海地震編	7025	海水浴場組合理事長	東海地震が起きると津波が来る危険性が高い。海水浴場のPRチラシにそのことを明記すべきとの意見があるが，客足が遠のく心配もある。明記するか？	明記する	明記しない
東海地震編	7037	漁業関係者	操業中東海地震発生。津波が来るかも知れないから，数時間沖合にとどまっていた方がいいが，家族がどうなったか気になる。危険は承知で戻るか？	戻る	とどまる

表 5-3 「クロスロード：静岡大学編」

	あなたは……	基本設定	YES	NO
静岡大学編	静大生	朝起きたら東海地震観測情報が発表されたとのニュース。しかし，今日は大学の試験期間中。しかも今日の試験を落とすと卒業が危ない。大学に行きますか？	大学に行く	行かない
静岡大学編	静大生	東海地震注意情報が発表されたため，大学は休講になった。しかし，バイト先の店舗は平常通り営業している。バイトを休まず働きますか？	働く	当分休む

この地域リスク共同研究機構と共同で9問の問題を作成しているので，その一部を表5-4に紹介する。

3 職務特殊編

　学校安全編，東海地震編（島田市編を除く）は，何らかの形で筆者らのグループ（チームクロスロード）が制作に関与して作成されたものである。神戸編・一般編，市民編は，著者らのグループだけで作成している。また，要援護者編，感染症編，食品安全編については，著者らと関係者（地域の方や専門家）との共同作業という形で，問題が作成されている。これに対して，以下に述べるいくつかの職務特殊編ともいうべきものは，制作されたそれぞれの方々が，日常の業務の中からジレンマを抽出し，問題を作成されたものである。

　災害取材編は，朝日新聞社と筆者らの共同作業によって作成され，記者教育に利用されている。問題は14問作成され，取材活動と救援活動のどちらを優先させるかなど，災害取材を行うマスメディア関係者が，災害現場で直面すると予想されるジレンマがテーマとなっている。

　海上保安庁編は，問題はすべて独自に作成され，筆者らとは覚え書きを交わす方式で作られている。主題は海上に浮かぶ油防除措置をテーマにしたもので，全部で10問ある。主に流出油対策の机上訓練に使われている。

　そのほか，消防編を作成されている方もある。それぞれ別の地域で活動されている方である。同じ消防士という立場であるが，経験は異なっているために，

表 5-4 「クロスロード:島田市編」

	あなたは……	基本設定	YES	NO
島田市編	防災担当者	市の地域防災計画の改訂を考えている。他の災害で救援物資が大量に来てさばけなくて困っていた。個人の物品提供を断る自治体も出てきた。東海地震が起きたときに個人の物品提供は受け入れる?	受け入れる	受け入れない
島田市編	市民	耐震診断をしたら,建替えを勧められた。しかし,最近耐震とは全く関係のないリフォームをしたばかり・・・。東海地震もいつ起こるかわからない。建替える?	建て替える	建て替えない
島田市編	1人暮らしの高齢者	震災により火災発生。地震で家は半壊,近くまで火の手が迫り,燃え移りそう・・・。保険はかけてあるが中途半端な壊れ方では再建は大変。このままいっそ燃やしてしまう?	燃やす	燃やさない
島田市編	避難所運営会議の役員	東海地震発生。国道 1 号線のバイパスをはじめ,交通機関がダメージを受け通行不可能な被害を受けた。行き場を失った帰宅困難者が多数,バイパス沿線にあったこの避難所に詰め掛けた。避難所は今はまだ余裕がある。避難所の中に避難させる?	避難させる	させない

作成された問題も異なるものができている(表 5-5 参照)。

　看護師編も,複数の地域で多数の問題が作成されている。ここでは紹介をしないが,これらの問題は,消防編と同様,クロスロード新聞や WEB 版クロスロードを通して共有され,地域を越えて参照,利用することができるようになっている。

　実施上の注意点としては,特に職務特殊編や,災害時要援護者編のように,プレーヤの日々の仕事に直結する問題ばかりの場合,その問題だけでクロスロードを実施すると,ゲームの中での話し合いがつらくなるということもある。ゲームというより,本当に現実の問題を真剣に話し合い続けるということになるからである。このようなときには,一般編や他の問題群の中から,業務と直結しない問題を加え,少し息抜きをしながら話ができるというような工夫をするとよい。

　このほかにも職務に特化した問題は,教師編,企業の CSR 編なども作成され,実践報告を受けているところである。それぞれの方々が,日常の職務を通して

表 5-5 「クロスロード：消防編」

	あなたは……	基本設定	YES	NO
消防編	津波被害想定地域の消防隊員	出向中，震度6強の地震が発生し，倒壊家屋挟まれ事故が群発！しかし，15分少々で津波の危険…「高台に避難してください」。救助より避難広報を優先する？	優先する	しない（救助）
消防編	はしご隊の機関員	耐火5階建ビル火災。屋上には赤ん坊を抱いた母親が泣き叫びながら助けを待っている。出火階（5階）隣室にも若い男の人が煙に巻かれている。屋上の母子の救助を優先する？	災害弱者優先	リスク優先
消防編	交通事故現場の救助隊員	大型車とファミリーカーの衝突現場。父親と母親は重篤だが，挟まれ程度は中程度と思われる。一方，子供は心肺停止状態で救出に時間を要するもよう。作業（油圧器具）は両親を先に行う？	両親から	子どもから

感じている問題を，クロスロードという形式にして表現し，それを研修などに使って下さることで，問題の共有や解決が図られている。制作者として本当にありがたいことと感謝している。

4 展　　望

本章で紹介した問題のほとんどは，制作者である筆者らの手を離れて作成されたものである。ここには紹介できなかったが，自治会などでも作成し，高齢者から若者に至る世代間の交流に使われているというような事例も伺っている。それぞれの立場の方が，それぞれの地域で独自の問題を作ってくださっている。この意味で，クロスロードは，すでに1つのフレームゲームとなっているといえるだろう。

問題作成の手法についても，作っている方が個人で考案されているものもあれば，作成の最初の段階からグループや地域で話し合いながらというものもある。また，その作成のプロセスも多様である。共通するところは，おそらく，最終的に定型（主人公の設定，問題文の長さ，そしてイエスかノーかの二者択一）を守るということだけともいえるかもしれない。

言い方を変えれば，定型を守ればクロスロードは誰にでも作れるものなのだ。

そのためには，まず既存の問題を体験して，クロスロードがもつ基本的な構造を学んでいただきたいが，その構造さえ理解できれば，あとはそれぞれの人々や地域がもつ問題を表現するだけである。多くの人にはそれができる能力がある。また，ひとたび問題として表現されれば，多くの人がそれを意識することが可能になる。さらに，そこから解決につながる対話が生まれてくる。問題を発見し，解決を工夫する力は，それぞれの人や地域の中にある。その際の主体的な努力を引き出すのがクロスロードである。

ここで紹介した東海地震に関する2つのバージョンについては，作成主体が大学生であることも強調しておきたい。ゲームを作ることが学習につながることは，再三指摘している通りだが，いずれの場合においても，その成果が大学や地域の中で活用され，新たな学習者を増やしている。文字通り「教わる人が教える人」になっている。愛知教育大学の事例もそうであるが，教育の現場にクロスロードを導入する努力も継続していきたいと考えている。

これまで紹介した多くの新作問題についての情報交換は，現在主にクロスロード新聞とWEBシステムが主体となっているが，ファシリテータの集いのような対面的な情報交換の機会も継続的に企画していく予定である。そのことによって，地域の中で，あるいは同じ職業の中だけでなく，異なる地域や職域をつないだ学びのお役に立てればと思う。

引用文献
小柳優里　2007MS　地震防災ゲーム「クロスロード」東海地震編の開発　静岡大学教育学部総合科学専攻進級論文（未公刊）
中野崇司　2007　東海地震を前提とした防災ゲームの開発　2006年度静岡大学工学部卒業論文（未公刊）

第5部

展望

展望：われわれはゲームで何をしているのか

吉川肇子・杉浦淳吉・矢守克也

展望：われわれはゲームで何をしているのか

1　問いを放つ

　クロスロードは，あるべきリスク・コミュニケーションを実現する一つの有望な道具である。リスク・コミュニケーションの重要性は，近年日本でも重視されているが，具体的にはどうすればいいのか，その方法は未だに模索されている。実際コンセンサス会議やサイエンスカフェなどの意欲的な試みが行われている。しかし，依然として新しい手法が求められているという状況は，前著（矢守ら，2005）で指摘して以来，劇的には変わってはいないように思われる。
　この5年，クロスロードという道具を得て，これを多様なリスク問題に展開することで，筆者らはこの問題に対して1つの解をもてたと自負している。クロスロードに参加したプレーヤの誰もが，専門家，非専門家の区別なく自分の意見を述べることができ，また他者の意見も同じ時間だけ聞くことができるという仕組みを，クロスロードは自然な形で実現している。
　われわれが学んだことが多いと，「はじめに」で述べたが，その中には，クロスロードを支えてくださっている方々から，クロスロードの本質に迫る指摘を頂いていることもある。ここでは，その一部を紹介しながら，クロスロードの意味について再び考えてみたい。
　クロスロードは，形式上，イエスかノーかの意思決定を求めている。したがって，それは一見問題解決をしているように見える。しかし，その本質は，問題解決ではなく，問題発見をしているという指摘がある。その通りであると思う。従来は，この問題発見は，知識がなければ，すなわち，専門家でなければ，

できないものだと思われていた。しかし，クロスロードをプレイすることによって，参加者同士が問題をともに考えていくことができるようになった。

同じような意味の指摘と思われるが，クロスロードで大事なのは問いを放つことであり，答えは自分の中にある，といわれた方もあった。ここでいわれているのは，クロスロードで与えられている問題だけを考えるのではなく，みんなが問題と思っていることを積極的に問いとしていく姿勢の重要さだと思われる。

どちらの指摘も，クロスロードを問題を特定する道具と見ているところに共通点がある。問題発見というか，問いを放つというか，表現は違うけれども，そのような作業こそが防災において重要なのであり，またそれは他のリスクにおいても同様に重要である。この作業を通して，主体的に，かつ共同的に学ぶことが，まさにリスク・コミュニケーションの実現につながっていくと考えられる。

2　どうやって「問いを放つ」のか

クロスロードの問題の作成方法について，問われることがある。それを明確に手順として示すことは難しい。以下に，概略を紹介するが，問題作成後に細かな修正作業は必須である。俳句や短歌もそうであるように，推敲を積み重ねていくしかない。

まず，新作問題を作成するには，クロスロードの仕組みを理解していることが必要である。仕組みとは，どういうルールのもとで，どのようなコンテンツが載せられるか，ということである。それは単に「トレードオフ」のコンテンツを作成することとは異なる。あくまで，プレーヤがその問題を使ってゲームを行うことが前提となっている。そのためには，誰もが同じように考えるような問題ではゲームにならない。また，何と何のトレードオフなのかも明確にする必要がある。

問題作成のポイントとなるのは，70字から100文字という制約を守ることである。この文字数に，イエス・ノーの二者択一のトレードオフを盛り込むためには，3つのことを考えなくてはならない。すなわち，トレードオフに関連す

るたくさんの情報の中から，①誰にとってのトレードオフであり，②その問題にとって最も必要な論点は何かを，二者択一を想定しながら100字程度で表現することであり，③何と何のトレードオフかを設定することである。ごく単純なことのように見えるが，こうすることで，問題作成も1つのシステムとして確立することができるだろう。

　上記の手続きを踏んで作られたものが，第2部第4章で紹介した愛知教育大の新作問題である。これは，2005年度の講義で，受講者に作成してもらったものである。受講生1人1人が，A4用紙1枚に，①新作問題，②イエスの問題点・ノーの問題点（クロスノート），③解説・インタビュー記事をまとめたレポートを，全員分まとめて『クロスロード・愛教大編』という冊子を作成した。この冊子は，翌年度の講義の受講者によってプレイされ，次なる問題集を作成する参考にもなった。実際に手に取ってみると，それは力作が揃い，レポート集というよりは，「クロスロード文集」とでもよぶべき楽しいものである。もちろん，ゲームもできる。

　このようにして，文集や，あるいはクロスロード新聞上での情報交換，また本書のような出版の形で，クロスロードの問題を集積し，これを継承していくことは，防災に限らず，それぞれの分野で今後ますます重要なこととなってくる。それは，「神戸編」あるいは「市民編」を体験し，問題を構造化する（あるいは，可視化する）ためのすべを得た人びとが，自分たちが専門とする領域に関わる問題（要援護者編，感染症編，食品安全編など）や，自らの身近にある問題（愛教大編など）を，より明確な「問題」として提示しはじめたことを意味する。そのためのプロセスが，自ら考え，調べ，たしかめ，工夫し，発信するという，真の意味での学習をまさに実現させていることは，本書のこれまでの記述から明らかだと思う。

3　問題を作ればよいのか？

　新作問題がシステムとして制作できるのであれば，クロスロードが初めてのプレーヤでも，まず問題を作ってからゲームを行うといったような利用の仕方も可能性としては考えられる。

ゲームの利用の仕方についてのこのような発想は，「説得納得ゲーム」（杉浦，2003）にすでにある．このゲームでは，環境配慮行動のアイディアをワークショップ形式で開発し，自分が大事だと思う環境配慮行動を他者に説得するということを行う．アイディア開発の際には，「グリーンコンシューマー10原則」というものをヒントに，日常の中で実際に実行することが望ましいと考える行動を，そのセールスポイントも含めて，説得すべきアイディアとしてまとめるのである．

説得納得ゲームに見られるような，課題作成と課題を使ったゲームの2段構成の仕組みをクロスロードに援用することは可能であるし，教育技法としての意義もあるだろう．しかしながら，クロスロードを使った学習においては，本書でも取り上げられているような，さまざまな分野において制作されている既存の問題をまず実施することが重要であることを強調しておきたい．それは，各種問題の実施を通して，他者の意見予測や自分自身の意思決定のもとにゲームをプレイすることが，それまで問題と認識していないような現象について，トレードオフという形で問題の本質を理解し，それを見抜く力をつけることにつながるからである．使える時間の制約があるかもしれないが，新作問題の作成は，それからでも遅くはない．後述するように，いったんクロスロードの仕組みを獲得してしまえば，いつでも「クロスロードする」ことはできるのである．

4　まず「神戸編」

防災ゲームとしてのクロスロードに限ってみても，「神戸編」，「一般編」，「市民編」などさまざまなバージョンが揃っている．たとえば，市民が日常生活において防災を学ぶのであれば，「市民編」が具体的な防災対策を考える上で有効であることは直感的に理解できるだろう．そのように考えると，「神戸編」や「一般編」は，どちらかといえば，防災に業務として関わっている人々に適しているように映る．しかし，ここではあえて「神戸編」から始めることの意味を考えてみたい．

それは，扱われている問題のリアリティや重大性の高さを理解し，大都市に

おける災害時という究極の事態を，ゲームを通して追体験することの効果である。人々は「究極の状況」においていかなる意思決定を行うのかについてのゲーム経験から，意思決定やその意味づけを学ぶのである。神戸編を体験したプレーヤからは，阪神・淡路大震災の映像には映し出されないところで，多くの人がそれぞれの問題に直面していることを想像できるようになったと言われることが多い。阪神・淡路大震災を直接経験したわけではないけれども，「神戸編」で問題となっていたことが別の場面では果たしてどうなったのか。その想像は，神戸編のカードやイエス・ノーカードと一緒に思い浮かぶという。

　もちろん，想像だけで現実のすさまじさを理解できると簡単にはいえないこともある。「クロスロードを泣きながらやった」と言われる神戸市職員の方に対して，その心情を想像できると言うことはとてもできない。だからこそ，その尊い経験に対して敬意をもって，「まず神戸編」と勧めたい。

5　クロスロードに聴いてみる

　ここで再び，「クロスロード」では，何が学ばれているのかを考えてみよう。たとえば，一見，被災地神戸で起こった出来事，ないしは，その防災上の意義を一意的に伝えているかにみえる「クロスロード：神戸編」においても，ゲームを通して実際に学ばれているのは，「最適解（正解）」ではなく，「問題の構造」であった（第1部第2章）。ここで重要なことは，「問題の構造」を学ぶとは，既存の問題（たとえば，被災地神戸で発生した問題）の構造を学ぶことだけを意味しているのではない，という点である。

　「問題の構造」を学ぶとは，これから発生・直面するかもしれない将来の問題をも，クロスロードというツールを使って構造化する方法を学んでいるということである。もう一歩踏み込んでいえば，こういえる。クロスロードというツールを手に入れることによって，人びとは，それ以前には，明確な形をとった「問題」として分節化しえなかった，しかし，「何か問題含みだ」と感じていた現実を，はっきりとした「問題」として可視化し，言語化しうるようになるのである。つまり，極論すれば，まず，問題がそこにあって，それをクロスロードという形式で表現しているのではなく，クロスロードというツールの力を

借りることによって、「問題」を目に見える形に社会的に構成しているのである。

そして、「問題」の可視化は、さらに重要な帰結をもたらす。それは、ひとたび「問題」として表現されることで、人びとの明示的なコミュニケーションの対象となる、ということである。人は、「何か問題含み」だけの曖昧な現実について有効にコミュニケーションすることはできない。しかし、「問題」となった後は、「イエスだ、ノーだ」、「いや、第3の選択肢がある」などと、大いに意見を交わし議論することが可能になる。

クロスロードの問題を作るということは、自分自身でトレードオフを発見し、その問題を分析する発想法を獲得できることである。私たちの生活において、時には困難な状況に出会う。状況が漠然としている場合であっても、それをクロスロードの「問題」として作ってみることで、状況を整理し解決に近づけることができる。

そして、おそらく、多くの問題構造は、一見それが分野特異的に見えても、ある種の類似の構造をその背後に持つのだ。愛知教育大学の学生が作った新作問題では、「これは一人をとるか、全体をとるか」、「ある種の行為を注意（抑止）すべきかどうか」、「上司と部下との関係をいかに保つか」といったことが含まれているが、構造が本質的に同じ問題が「神戸編」や「市民編」に含まれている。学生の日常を取材したものであっても、防災問題と構造が共通しているものを見つけることができるのである。

ここで一番大事なことは、「選択肢をあえて作る」ということだろう。困難な状況として漠然としていたり、問題が見えていなかったりする時こそ、選択できるような状況を考え、実際の選択肢を設定するのである。

そしてもう1つ大事なことは、これがゲームとして成立することである。他者がプレイすることを前提にしないゲームをつくることはできない。ゲームは、まだ遭遇し得ない他者の存在によって成り立つシステムである。「クロスロードに聴いてみる」のである。他者は、それぞれの選択肢をどのように評価するだろうか。選択し得なかったもう片方の選択肢のメリットを考えることで、状況が押しつけられるのではなく、主体的に「生きる」ことが可能となる。

このように考えてみると、クロスロードは、他者と遭遇することで問題を発見・整理し、伝承していくためのシステムであるともいえるのだ。

6　ゲーミング手法の可能性

　前著（矢守ら，2005）で筆者らは，1人1人がもっている想像力を，ゲーミングという手法を使って引き出そうとしているのだと述べた。しかし，残念ながら，多くの災害は，またそのほかのリスクもそうであるが，時に想像を超えた形でやってくることもまた真実である。そのとき，われわれは想像力の限界とあきらめるべきだろうか。

　おそらくそうではない。たとえ限界がのちにわかるにしても，考えることをやめないことこそが重要なのだと思う。その助けになるのが，ゲーミングという手法である。ゲームは，プレーヤが何らかの形で働きかけなければ状況が進行していかない。ひとたびそういう経験をすることが，さまざまなハザードに対して，ゲームという場を離れても，主体的に状況に働きかけていくことにつながっていくのである。

　ゲーミング手法の特徴をその教育的効果の視点から捉えるなら，「学習者が，自ら学習する活動を生みだし続けるツール」だという点であると思う。ここで，「自ら学習する」という言葉には，自ら考え，調べ，たしかめ，工夫し，発信するという，主体的で，参画的で，継続的な一連の活動，という意味をこめている。要するに，これは，既存の知識（多くの場合，専門家や経験者が生み出した知識）を受動的に受容するという学習観との訣別であり，そこからの発展と飛躍である。

　このことは，前著（矢守ら，2005）から本書に引き継がれた課題，すなわち，「クロスロード」に「最適解（正解）」は存在するか？に対する明快な回答でもある。「最適解（正解）」はない。専門家や経験者が生み出した既存の知識こそが，従来，「最適解（正解）」とされてきたものに他ならないのだから。

　同じことは，「ぼうさいダック」や，「大ナマジン」をはじめとするすごろく系のゲームについてもいえる。これらのゲームは，一見すると，「クロスロード」以上に，防災に関わる「最適解（正解）」を，専門家や経験者からそうでない人たちに伝達するために用いられるツールと映るかも知れない。しかし，実態は異なる。

　たとえば，「ぼうさいダック」では，単に，われわれ製作者が「最適解（正

解）」として提示したハザードと一次対応行動のペアを学習する以上のことが，熱意と創意あふれる実践者の協力によって，進行中である。具体的には，地震の揺れや火災の揺れを模擬体験できる装置と組み合わせたり（消防署職員），独自のゲームルールや音楽を考案したり（幼稚園教諭）するなどして，子どもが周囲の危険を知り，かつ，身を守るためには何をすべきか，についての創意と工夫が，次々にゲーム実施者によって生み出されている（第3部第3章）。

　つまり，見かけ上正解のあるゲームであっても，そこでは専門家から非専門家へと，知識が移転しているだけではないのだ。プレーヤだけでなく，多くの関係者を巻き込んだ新しい学びのあり方が出現している。そこにゲーミング手法の特徴がある。

　もちろん，「最適解（正解）」も，場合によっては，大切である。緊急時の基本対応などには，いつでもどこでもだれにでも通用する，普遍的と形容できるような「最適解（正解）」が存在するケースもある。それを否定したいのではない。問題にしたいのは，「最適解（正解）」を伝えるツールが，その目的だけで完結するようなものであっては，教育・学習はけっして長続きしない，という点である。「最適解（正解）」の（受動的な）学習の後に，上記のような意味での，主体的で，参画的で，継続的な一連の学習活動が，可能な限り自然な形で続行することを促すようなツールでなくては，結局は，「災害は忘れた頃にやってくる」の轍を踏むことになる。

　すなわち，大切なのは，一時的に知識やスキルを高めることではない。少なくとも，それだけではない。むしろ，防災について教育し，また学習するプロセスを営々と継続していくための仕組みとツールを整えることである。そのための有力候補が，筆者らが提案するゲーミングという手法なのである。先に指摘したように，「ゲームはまだ遭遇し得ない他者の存在によって成り立つシステム」であり，この特徴のおかげで，私たちは，「時に想像を超えた形でやってくるハザードに対して考えることをやめない」でいることができる。ゲーミングは，まさに，「終わらない対話」（第1部第3章）を実現するためのツールなのある。

7　クロスロード，防災ゲーム，ゲーミング，そしてこれから

　本書で紹介したゲームは，クロスロードを除けば，まだ防災の分野に偏っている。すでに，感染症や食品の分野について，新しいゲームを開発している途上だが，その紹介は，次の機会になると思う。しかし，すでにいくつかの実践の機会を通して，これらの新しいゲームの効果も実感しているところである。また，防災の分野においても，本書で詳しく紹介しなかったそのほかのゲームについても，紹介の機会があることを願っている。

　ゲーミング手法の可能性を考えるとき，もう一つ重要な点を指摘しておきたい。それは，まだわれわれは教育ゲームという視点でゲームを作成し，その多くを実費で頒布しているということである。これまで多くの教育ゲームは，その存在が紹介されることがあっても，入手が難しいものが多かった。その意味では，たとえ実費であれ，教育ゲームを頒布し，入手しやすくしたことは，一定の前進であったと自負している。それでもなお，残念ながらこの状況では，普及に限界があるといわざるを得ない。

　他方，アナログゲームが日常生活に浸透しているドイツでは，市販されているゲームの中に，安全や防災について教えるゲームがある。この違いは非常に大きい。一つには，ゲームとして市販されているものは，手に入りやすいために，それだけ普及が進むということがある。もう一つの点として，市販ゲームは，プレーヤにとっては，それが教育的であるということを意識せずに購入し，それをプレイしているうちに自然と学習できるということである。もちろん，商業的に販売できるためには，そのほかのゲームと同様の楽しさがなくてはならない。楽しく，かつ，おもちゃの一つとして購入することができ，自然と防災（あるいは他のリスクも同じであるが）について学べるような仕組みが実現できないか，それはこれからの大きな課題であると認識している。

　すでにわれわれの研究グループ（「教育におけるゲーム利用研究会」）では，必ずしも教育目的で作られていない市販ゲームの中にも教育ゲームとして利用可能なものがあることを見いだしている。これらの成果についても，今後公表を目指していきたいと考えている。

　5年の間にゲーミングという手法は，以前に比べれば認知されてきたという

実感がある。しかし，まだゲーミングという手法の可能性を十分活用しきれていないとも感じている。それほどゲーミングは，われわれにとって魅力的な道具である。また，Duke（1974）がかつてゲーミングを「未来を語る言語」といったのは，今もなお真実である。この道具の可能性をさらに引き出していきたいと考えている。

引用文献

Duke, R. D.　1974　*Gaming: The future's language.* New York: Sage Publications.（中村美枝子・市川　新（訳）　2001　ゲーミングシミュレーション―未来との対話―　ASCII）

杉浦淳吉　2003　環境教育ツールとしての「説得納得ゲーム」―開発・実践・改良プロセスの検討―　シミュレーション＆ゲーミング, **13** (1), 3-13.

矢守克也・吉川肇子・網代　剛　2005　防災ゲームで学ぶリスク・コミュニケーション―クロスロードへの招待―　ナカニシヤ出版

あ と が き

　改めて，出会いと発見の5年間だったと思う。クロスロードや，そのほかのゲームを通して，私たちは多くの人に出会い，支えてもらうことができた。クロスロード（crossroad）という英単語には「人と人とが出会う場所」という意味があるのは前著で書いた通りだが，そのクロスロードを一番実感しているのは私たち自身であるといえるかもしれない。

　発見も多かった。とりわけ，ゲーミングという手法が，当初想像した以上に可能性に富むものであると確信できたことは大きい。その展開の一部についてはすでに本書の中でも述べたが，今後の展開も含め，さらに報告の機会があることを願っている。

　すでに気がつかれた方もあるかもしれないが，本書の中では，ことさら「リスク・コミュニケーション」について述べなかった。それは，クロスロードをはじめとするゲームによって，リスク・コミュニケーションがまさに実現していると考えるからである。ゲームを通して，多くの対話が生まれ，地域や世代を超えた学びが広がっている。その学びを，今後もつなげていきたいと考えている。

　最後になったが，私たちが出会い，これまで支えてくださった多くの方々に，あらためて，心からお礼を申し上げたい。

　何よりもまず，クロスロード，大ナマジン防災すごろく，災害備え隊2007を共同制作したゲームデザイナー網代剛さんに感謝を申し上げたい。これらのゲームが曲がりなりにもゲームらしくなっているのは，ひとえに網代さんのおかげである。

　本来ならば，全員のお名前をここに記すべきであるが，紙幅の関係もあるので，本書で言及した事例や実践に直接関わってこられた方々だけに限定することをお許しいただきたい。みなさま，どうもありがとうございました。

- 神戸クロスロード研究会の皆さん（柿本雅通さん，浜尚美さん，西修さん，吉本和弘さん，露口伸二さん，他の皆さん）
- 神戸新聞　中部剛さん
- 神戸学院大学　舩木伸江先生
- 関西学院大学災害復興研究所　山中茂樹先生
- 高知県危機管理部地震・防災課の皆さん
- 高知県危機管理部地震・防災課（現：高知県環境共生課）　小溝智子さん（すばらしい漫画に感謝）
- 高知市総務部危機管理室　今西剛也さん
- 高知県黒潮町総務課危機管理室　友永公生さん
- 高知県教育委員会事務局児童生徒支援課（現：土佐市立蓮池小学校）五十嵐起世先生
- 呉市消防局　林国夫さん，森島和雄さん
- 呉市社会福祉協議会　近藤吉輝さん
- 呉市各保育園・幼稚園の先生方，そして園児の皆さん
- 毎日放送　深迫康之さん
- 毎日放送ラジオ　大牟田智佐子さん
- 愛知教育大学・共生社会コース「グループダイナミックス」，中京大学大学院心理学研究科の「社会心理学特論」のそれぞれ2005年度，2006年度受講者の皆さん
- 愛知県立瀬戸西高校　前原淑子先生
- 静岡県東部防災局（現：静岡県田子の浦港湾管理事務所）　板坂孝司さん
- 静岡大学教育学部　小山真人先生
- 静岡大学工学研究科　中野崇司さん
- 静岡大学人文学部　鈴木清史先生
- 熊本県健康危機管理課（現：熊本県都市計画課）　黒瀬琢也さん
- 熊本県阿蘇保健所　村山智彦さん
- 大分県生活環境部食品安全・衛生課　麻生武志さん
- （社）日本損害保険協会　田和淳一さん
- 市民防災研究所　細川顕司さん

・毎日新聞広告局　渡邉康佑さん
・朝日新聞社人事セクション　西村隆次さん
・海上保安庁　榎本雄太さん
・時事通信社　中川和之さん
・横浜市健康福祉局医療安全課　船山和志先生
・防災ゲーム研究会の皆さん
・教育におけるゲーム利用研究会の皆さん

また，次の先生方には，筆者らの研究について，ご指導いただいたことを感謝したい。
・京都大学防災研究所教授　河田惠昭先生（現：関西大学環境都市工学部教授），岡田憲夫先生，林春男先生
・順天堂大学教授　丸井英二先生
・順天堂大学助教　堀口逸子先生

最後になったが，ナカニシヤ出版の宍倉由高編集長には前著に続き，大変にお世話になった。原稿の完成を辛抱強くお待ちくださったこととあわせて感謝申し上げたい。

著者一同

注：本書に記載した個別の研究の実施および各章の執筆にあたっては以下の助成を得た。助成に対して感謝申し上げる。

・文部科学省科学研究費補助金基盤研究（B）平成15〜17年度「マイクロ－マクロ関連に基づく社会特性の創発に関する研究」（研究代表者：埼玉大学教養学部教授・高木英至）
・文部科学省大都市大震災軽減化特別プロジェクト　平成14-18年度「巨大地震・津波による太平洋沿岸巨大連担都市圏の総合的対応シミュレーション活用手法の開発」（研究代表者：京都大学防災研究所教授・河田惠昭）
・文部科学省首都圏直下地震防災・減災特別プロジェクト　平成19年度「広域的危機

管理・減災体制の構築に関する研究（5）社会的防災・減災教育システムの確立」（研究代表者：京都大学防災研究所教授・林春男）
・厚生労働省科学研究費補助金　新興・再興感染症研究事業　平成16-18年度「大規模感染症発生時の効果的かつ適切な情報伝達の在り方に関する研究」（研究代表者：順天堂大学教授・丸井英二）
・厚生労働省科学研究費補助金　食品の安全性高度化推進研究事業　平成18-20年度「食品の安全についての普及啓発のためのツール及びプログラム開発に関する研究」（研究代表者：順天堂大学教授・丸井英二）
・文部科学省科学研究費補助金基盤研究（B）平成18〜20年度「大規模広域災害を想定した新しい防災教育技法の開発に関する研究」（研究代表者：京都大学防災研究所准教授・矢守克也）

資料

クロスロード
実施の手引き
（市民編）

Ⅰ．ゲームの進め方
  1. 目　　的
  2. 概　　要
  3. 所要時間の目安
  4. 用意するもの
  5. 実施のポイント
  6. 実際のゲームの流れ
  7. 話し合いのヒント

Ⅱ．ゲームのねらいと展開の仕方
  1. ゲーム実施の注意点
  2. 参加者の座布団の数を確認しながらゲームをふりかえりましょう
  3. クロスノートを使ってゲームをふりかえりましょう
  4. クロスシードを使ってゲームをふりかえりましょう

Ⅲ．応用ルール

資料：クロスロード実施の手引き（市民編）

I　ゲームの進め方

[1] 目　的

　クロスロードは，災害対応を自らの問題として考え，またさまざまな意見や価値観を参加者同士共有することを目的としています。

　「クロスロード」とは，英語で「岐路」，「分かれ道」を意味しています。災害が起こる前のそなえ，また起こってからの対応には，多くのジレンマを伴う重大な決断が含まれています。

　トランプ大のカードを利用した手軽なグループゲームながら，参加者は，災害へのそなえや災害後に起こるさまざまな問題を自らの問題としてアクティヴに考えることができ，かつ，自分とは異なる意見・価値観の存在に気づくことができます。

　カードの内容は，防災や地域の安全に関心をお持ちの一般住民の方々，自主防災組織のメンバー，あるいは，災害ボランティアに関心をお持ちの方々にお使いいただけるようなものが含まれています。また，多様な立場の方々が一緒にゲームに参加すれば，防災問題に関して，事前に合意を形成しておく一助ともなるでしょう。

[2] 概　要

　ゲームは，10枚の問題カードとイエス／ノーカード各1枚を使って行います。

　プレーヤは，1人ずつ順番に問題カードを読み上げます。カードが読み上げられるごとに，プレーヤ全員が，そのグループの他の人たちはどう考えるかを考え，イエスか，ノーか，多数派の意見を予測します。多いと思う方のカードを裏向けて，自分の前に置きます。全員が予測を終えたら，一斉にカードを表に向けます。多数派を予測して的中させたプレーヤが，得点を表す青い座布団を手に入れることができます。10枚すべて読み終わった時点で，最も多くの座布団を持っている人が「勝ち」となります。

[3] 所要時間の目安

　ルールの説明：10分

ゲームの実施：50分

ふりかえり：30分

[4] 用意するもの

以下のものを用意します。

①問題カード（10枚1シート）：各人に1枚（キットには2シート20問入っています）

②イエスカード：各人に1枚

　ノーカード：各人に1枚

③ルール解説用紙：各人に1枚（この手引きの添付資料1をコピーしてお使い下さい）

④座布団カード（ポーカーチップなどで代用可能です）：グループの机の中央に山にしておいておきます。

　　青座布団：目安としてプレーヤの人数×10枚程度

　　金座布団：適宜（目安としてプレーヤの人数と同程度）

⑤（ふりかえりに使う場合のみ）

　クロスノート：各人に1部ずつ（この手引きの添付資料2をコピーして，お使い下さい）

　クロスシード：各人に1部ずつ（この手引きの添付資料3をコピーして，お使い下さい）

[5] 実施のポイント

1) グループ構成

　1グループ5人程度が適当です。多少の増減は問題ありません。多数決をとるので，できれば奇数人数でグループを作る方がよいでしょう。

2) 会場およびグループ数

　①グループで話し合いのできる机と椅子。グループ同士は，それぞれの話し合いの声がじゃまにならない程度に離れていることが望ましいです。

図1 会場のレイアウト例

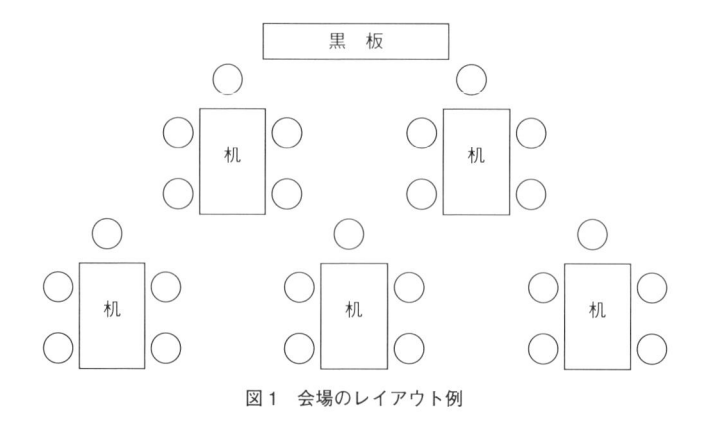

②会場の大きさや参加者数に応じて何グループでも実施可能です。

3) 所要時間

①基本的なルールでの実施は50分程度です。

②ふりかえりの時間は目安として30分ですが，もっと長くして話し合いを続けることもできます。

4) 座布団の使い方

①多数派になったら，青座布団がもらえます。青座布団1枚で1ポイントだと考えるとわかりやすいでしょう。

②1グループのプレーヤの人数が偶数の場合で，イエスカードとノーカードの人数がちょうど半々の場合は，「痛み分け」とし，誰も座布団をもらえないこととします。

③グループの中で，イエスカードかノーカードを出したのが「1人だけ」の場合は，その人1人が金座布団を1枚もらえます。この場合，他の人は，たとえ多数派となっても，誰も座布団をもらえません。

④青座布団と金座布団は，どちらも同じ1ポイントとして数えます。

【参考】応用的な使い方として，チャンスカード（背景にメダルの描かれたカード）については，座布団の数を2倍（青座布団2枚，金座布団2枚）にすることもできます。

資料：クロスロード実施の手引き（市民編）　201

[6] 実際のゲームの流れ

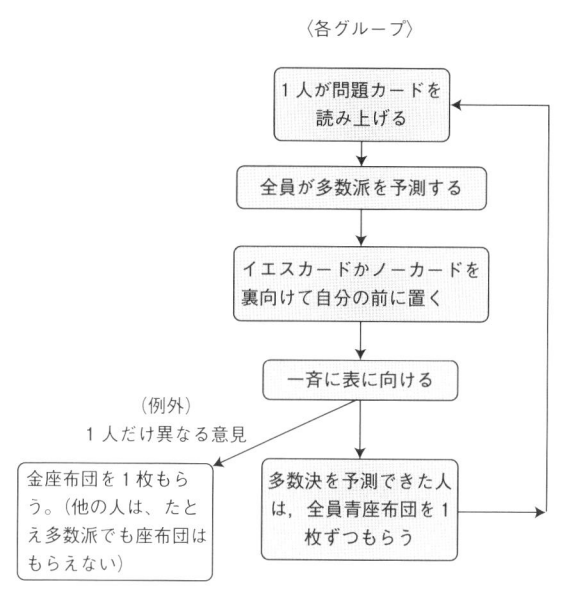

〈各グループ〉

```
┌─────────────────────┐
│ 1人が問題カードを   │←──┐
│ 読み上げる          │    │
└──────────┬──────────┘    │
           ↓                │
┌─────────────────────┐    │
│ 全員が多数派を予測する │    │
└──────────┬──────────┘    │
           ↓                │
┌─────────────────────┐    │
│ イエスカードかノーカードを │    │
│ 裏向けて自分の前に置く │    │
└──────────┬──────────┘    │
           ↓                │
┌─────────────────────┐    │
│ 一斉に表に向ける    │    │
└──────────┬──────────┘    │
           ↓                │
（例外）                    │
1人だけ異なる意見          │
           ↓                │
┌──────────────┐  ┌──────────────┐
│金座布団を1枚もら│  │多数決を予測できた人│
│う。(他の人は、た│  │は、全員青座布団を1 │──┘
│とえ多数派でも座│  │枚ずつもらう        │
│布団はもらえない)│  └──────────────┘
└──────────────┘
```

図2　ゲームの流れ

[7] 話し合いのヒント

> ゲームを実施するためには，添付資料1「ルール解説用紙」をプレーヤ1人に1枚ずつ配布し，そこに書かれてあることを読みあげて説明すれば問題なくゲームをすることができます。
> なお，以下では，ゲーム後の話し合いがよりよく進むよう，ヒントとなる質問を掲載しました。適宜選んでお使い下さい。番号の前に星印（☆）のついた質問は，推薦質問です。☆2つは非常に推薦，☆1つは推薦です。
> また，添付資料2の「クロスノート」や添付資料3の「クロスシード」を使いながら，イエスの判断，ノーの判断のそれぞれにどんな問題があるのか，議論を深めるのもよいでしょう（後述「II．ゲームのねらいと展開」4.参照）。

1）座布団を数えてみましょう。

①一番たくさん座布団を持っている人はどなたですか？

②その人はどうしてたくさんの座布団を手に入れることができたのでしょうか？
　▶　その理由をお話し下さいますか？

③一番座布団の少なかった人はどなたですか？

④その人はどうして座布団が少なかったのでしょうか？
　▶　その理由をお話し下さいますか？

⑤金座布団をお持ちの方に伺います。どの問題で金座布団を手に入れられましたか？
　▶　それは，ねらって金座布団をもらわれたのでしょうか？
　▶　それとも，「多数派を予測したのに，意外と少数派だった」のでしょうか？

⑥このゲームの中では多数派を予測してもらいました。他のメンバーの意見を予測するのではなく，素直に自分の意見を出すというルールだったとしたら，違った答えを出していただろうと思うカードはどれですか？

☆☆⑦問題カードの中で，「自分の意見とみんなの意見がずいぶん違っていた」とか，「意外だった」というのはどれだったでしょうか？
　▶　それはどういう食い違い方でしたか？　グループの皆さんと話し合ってみて下さい。

☆⑧グループの中で意見が半々に近かった問題はありますか？
　▶　それぞれ，イエス，ノーに決められた方は，どうしてそれを選ばれたのでしょうか？
　▶　皆さんの意見を聞いて，もう一度考えてください。グループの中で，「正解」を決められるでしょうか？
　▶　将来，あなたが同じような状況に出会ったとしたら，本当のところ，

どうしますか？

☆⑨ 10個の状況の中で「私はこれは迷った」とか，逆に「すぐ決められた」というものがありますか？
- ▶ 迷ったとしたら，その理由は何ですか？
- ▶ 逆にすぐ決められたのはなぜですか？

☆☆⑩皆さんが一番迷った問題カードを1人1枚ずつ選んで下さい。そして，もし「この状況のこの条件が変わっていたら，私は意見を変える（イエスカードをノーカードに，ノーカードをイエスカードに）」というところを，条件をあげて説明して下さい

☆⑪チャンスカード（メダルの描かれたもの）の中から，適当な3枚を選んでください。その3枚のうち，あなたが「一番やらなければならないと思うこと」を選んでください。
- ▶ その理由は何ですか？
- ▶ 逆に「一番やりたくないこと」を選んでください。
- ▶ その理由は何ですか？
- ▶ どうしたら，できるようになるでしょうか？

2) 現実の世界とゲームの世界を，比べて考えてみてください。

☆①このゲームでは，「絶対こっちが正解」というものがありませんでした。しかし将来，あなたが同じような状況にであったとしたら，本当のところ，どうしますか？

☆☆②それぞれの問題カードに書かれている状況について（または，10枚のいくつかの問題を選んで），どうやったらこのジレンマを解決できるか，グループで話し合ってみてください。
- ▶ まず，何でもできる万能の人になったつもりで，理想の解決を考え

てみてください。お金も「もの」もふんだんにあるとします。
- ▶ 本当にそれを実現することはできますか？ できないとしたら，その原因は何でしょう？
- ▶ その原因を取り除く方法はありますか？ 簡単な解決法は見つからないかもしれませんが，できるだけ理想の解決に近づけるように，どんなことができるでしょう？

☆③このゲームでは1人だけ少数派のとき，金座布団がもらえるルールになっていました。なぜそういうルールがあるのか，考えてみて下さい。

☆☆④ゲームにある状況には，いろいろな条件がついています。それぞれの条件をちょっとずつ変えてみて下さい。
- ▶ たとえば，避難勧告発令が深夜ではなく，昼間だったとしたらどうでしょう？ あなたの決定は変わりますか？
- ▶ カードに書かれている役割を変えてみて下さい。もしあなたが女性でなく，男性だったら，その問題にどう答えますか？

☆☆⑤問題カードでは，限られた文字数のために，状況が曖昧に書かれているところがあります。「状況が曖昧すぎてわからない」とか，「こういうことが書いてなければ決められない」ということがありましたか？
- ▶ ある場合には，どのカードのどの部分だったでしょうか？
- ▶ その状況が詳しく書かれていたとしたら，どう決断しますか？

☆3) あなたが実際に経験したジレンマにはどのようなものがありますか？
- ▶ あなたが災害に出会ったときに，困ったことをグループの他のメンバーにお話し下さい。なぜ困ったなあと感じたのでしょうか？
- ▶ 災害場面だけでなく，いろいろな日常生活でのジレンマについても考えてみましょう。どんな時にジレンマを感じますか？ それはどういうジレンマでしょう？
- ▶ なぜジレンマが起こるのでしょうか？

▶ それは，どのように解決したらいいでしょうか？

☆☆ 4) もし，皆さんがゲームのルールを変えるとしたら，どういうところを変えたいですか？
　①多数派を予測するのではなく，自分の意見でイエス・ノーカードを出すとしたらどうでしょうか？
　②金座布団をもらえる条件を変えたらどうでしょうか？　あるいは，金座布団のポイントを高くしたらどうでしょうか？

5) ゲームのおもしろさはどうでしたか。おもしろかったですか？　おもしろくなかったですか？

6) そのほかにありますか。

Ⅱ　ゲームのねらいと展開の仕方

　このルールでは，他者の決定を推測するという作業を通して，他者の意見を広く考えるようにするのみならず，自分の考えについても洞察を深めることができるようになっています。私たちが「他者はどうするか」ということを考える際には，「自分はどうするか」をまず考え，それを手がかりに他者の決定を推測することが多いからです。

　むしろ，積極的に「提示するのは他者の意見」であると明示することで，「自分の意見を人前で述べることにはためらいがある」人や，人前で意見を述べることになれていない人でも，心理的な抵抗が少なく，気軽に参加できるようになっています。

　多様な視点を考慮することによって，災害対応に対して単一の正解を求めるのではなく，「それぞれの災害対応の場面で，誰もが誠実に考え対応すること，またそのためには災害が起こる前から考えておくことが重要であること」を気づくことができることをねらっています。

　このような観点に立ったときに，次のような点に気をつけながら，展開を

していただくと効果的です。また，応用ルールの一部も紹介してありますので，参加者の特性に合わせて，適宜選択してお使い下さい。

また，全20枚のカードのうち，4枚のカードがチャンスカード（メダルが描かれているカードです。）となっています。これらのカードは，正解として合意が得られそうな解決があるけれども，実際の生活ではなかなか実現していない（あるいは実行できない）内容のジレンマを含んでいます。これらのカードについては，「わかってはいるけれどもなかなか実行できない」のはなぜなのか，参加者の本音を引き出せるように議論を進めていただくと効果的です。

実施の目的に応じて，適宜チャンスカード（メダルが描かれたもの）を含めるなど，10枚のカードの組み合わせをお選びください。

[1] ゲーム実施の注意点

　プレーヤ間で自発的に話し合いが進んでいる場合には，そのまま介入しなくて差し支えありませんが，カードの読み上げと結果発表だけでゲームが進行し，あまり話し合いが行われていないように見受けられる場合には，適宜グループに介入して下さい。たとえば，以下のような働きかけ（質問）が考えられます。

① イエス／ノーカードで迷っている様子がうかがえ，最後に出した人に対して「今，大変迷っていらっしゃいましたが，どういうところで迷われたのでしょうか？」と，聞いてみる。（→質問例の（1）の⑨）
② 逆に，一番にイエス／ノーカードをだした人に対して，「いま，即決されたように見えましたが，決断がお早いですね。その理由をお話下さいますか？」（→質問例の（1）の⑨）
③ 2対3など，イエス／ノーが拮抗しているような場合には，「イエス派，ノー派，本当に拮抗していますね。それぞれどうしてそれを選ばれたのか，理由をお話下さいますか？」（→質問例の（1）の⑧）

[2] 参加者の座布団の数を確認しながらゲームをふりかえりましょう

1) 各人の座布団の数を発表

① 座布団の数を確認しながら，たくさんの意見や多様な見方がゲーム中に出

てきたかどうか，確認します（→質問例の（1））
② ゲーム中に多様な意見があまり出ていないように見える場合（問題カード）に対しては，「もし条件を変えたらどうなるか」ということを考えてもらうようにします。（→質問例の（2）の④）
③ 予測とのずれが大きいところは，意外なだけに自発的な発言が期待できるところです。ずれが大きかったという状況（カード）をとりあげて全員で議論するのもよいでしょう。（→質問例の（1）の⑤または⑦）

2) 多様な意見を共有し，認め合いましょう

① 金座布団は，このゲームでは少数意見が尊重されることを意味しています。そのことに気がついてもらえるようにすることもできます。少数派の意見に重要な指摘が隠れていることは現実にもありそうです。（→質問例の（1）の⑤）
② ゲーム進行中も，ひとつの問題について，議論が進行しているようであれば，時間をあまり遮らず，議論が進むのに任せてください。ただし，1枚ずつ議論していると，ゲームがまったく進まなくなることもあるので，1問題10分程度までで打ち切るというように，ある程度時間制限をすることも必要です。
③ 参加者は，本当はどちらが正しかったのか，すなわち「正解」を求めがちです。過去の資料などがあれば参考に提示します（第2部解説参照）が，その場合でも，次の点を強調してください。第1に，必ずしも「正解」があるとはかぎらないこと，第2に，過去の事例が「正解」として語られたとしても，常にそれが正しいとは限らないこと，言いかえれば，「教訓があだになる」こともあること，以上の2点です。むしろ，「それぞれの災害対応の場面で，誰もが誠実に考え対応すること，またそのためには災害が起こる前から考えておくことが重要であること」に気づけるようにしてください。
④ さらに，チャンスカード（メダルの描かれているもの）は，「わかってはいるけれどもなかなか実行できない」のはなぜなのか，参加者の本音を引き出せるように議論を進めていただくと効果的です。さらに，そうした

「なかなか実行できない」現実を，どうすれば改善することができるのか，参加者に自ら考えてもらうようにしてもらうこともできます。(→質問例(1)の⑪，後述［4］「クロスシード」参照)

3) 現実との違いを考えてみましょう

① このゲームはどういう目的で，なにを学ぶために作られていると思うか，考えてもらってください。その意味では，ゲームの冒頭に「ゲームの目的」について，あまり詳しく説明しない方がいいこともあります。

② ゲームと現実とはどういう点が違うのか，考えてみることによって，現実をシミュレーションして考える思考法が身につきます。

③ もし，自分たちでゲームを改良するとしたら，どういう点を変えるのか，あるいは，どういうルールにしたらいいか，と考えてみると，災害対応に対する新しい視点の発見につながります。

［3］ クロスノートを使ってゲームをふりかえりましょう

添付資料2の「クロスノート」に記入しながら，イエスの判断，ノーの判断のそれぞれにどんな問題があるのか，議論を深めていくこともできます。

個人ごと，またはグループで，それぞれの問題カードについて，「イエスの問題点」，「ノーの問題点」を，できるだけたくさんあげてもらってみてください。

なお，クロスノートはサンプルとして問題点を数個例示したものと，全く白紙のものとを準備しています。使いやすい方をお使い下さい。サンプル以外の問題については，白紙をコピーしてお使いください。

「問題点」の下の空欄は，参加者に気のついたことを自由に記入してもらったり，どの条件が変わったら意見を変えるのか（→質問例(1)の⑩）の例を記入してもらったりするなど，自由にお使い下さい。

［4］ クロスシードを使ってゲームをふりかえりましょう

チャンスカード（メダルの描かれたもの）は，添付資料3の「クロスシード」(Cross Seed) に記入しながら，議論を深めていくこともできます。これらのカードは，理想の解決がありそうだが，現実にはなかなかそれに到達できないジ

レンマを主に扱っています。理想の解決にいたらない理由には，生活が不自由になることや費用の手当てが困難など，個人個人の価値観や生活が影響していそうです。クロスシードを使うことで，そうした個人の本音を引き出しつつも，建設的な解決法を見いだすことを考えます。シード（seed：種）とは，そうした話の種，知恵の種を引き出すための教材の意味で命名しました。

　記入例を参照しながら，以下のようにお使いいただくと効果的です。

　まず，個人ごと，またはグループで，それぞれの問題カードについて，専門家のすすめる意見の理由を考えてもらってください（シート中央「なぜなら……」以降）。あるいは，解説を聞いたあと，あるいは資料を調べたあとに，メモ代わりに箇条書きにまとめてみるという使い方もできます。

　次に，その専門家のすすめる意見に反対する意見（「専門家の意見に『いやだ！』といってみましょう」）を箇条書きにまとめましょう。もし，自分が専門家のすすめる通りに実行できないとするなら，それはなぜなのか，考えてみるといいでしょう。

　もし，時間があれば，ここまで記入した「クロスシード」をまわりの人とお互いに交換してみましょう。専門家の意見は，確かに理想ですが，それを実際に実行に移すためには，いくつかの困難があります。その問題（「いやだ！」で記入）を解決するためには，どうしたらいいか，さらに話し合って考えてみましょう。

　あるいは，問題の新たな解決法（独創的な新しいアイディア，新製品がでています，あるいは○○町ではこんな工夫をしています，など）を，資料を調べたり，専門家から話を聞いたりして，発見するのもいいでしょう。

Ⅲ　応用ルール

　クロスロードは，ルールを変えることによって，いろいろな遊び方ができます。ルールを変えると，ゲームで発見するものも違ってきます。いろいろ試して，より深い学習につなげてみてください。

[1]「自分の意見を言います」ルール

　他の人の意見を予測するのではなく，自分の意見で「イエスカード」，「ノーカード」を出します。

　多数派が座布団をもらうという，座布団のもらい方は同じです。すなわち，多数派の人は青座布団をもらえます。たった1人の少数派の場合は，金座布団をもらいます。

[2] カラオケマイクルール

①青座布団1枚，金座布団1枚を1回ごとに用意します。

②順番に1人ずつ「親」になります。最初は親が青座布団を持ちます。親が意見を言ったあと，次に新しい論点を出した人に青座布団を移動します。次に別の論点を出した人がいれば，再度その人のところに青座布団を移動します。このようにして論点が出つくすまで，座布団を移動します。最後の意見を言った人のところで青座布団が止まります。最後のその人が青座布団，すなわちポイントを獲得します。

③青座布団をもらう人が確定したら，つまりすべての論点が出つくしたら，再度議論をグループでふりかえります。最もいい論点を出した人には，「感心賞」として，金座布団をみんなで贈ります。

④これをカードがなくなるまで，10回繰り返します。

[3] 裏読み少数派ルール

　勝敗の判定を，多数派でなくて，"少数派"とします。

　それぞれの問題で，より少ない意見だった方の人たちが，青座布団を1人1枚ずつもらえます。1人だけ少数派の時には，通常ルールと同じく，金座布団が1枚もらえます。

[4] ディベートルール

　自分の意見に関係なく，読み上げられた「分かれ道」（問題）に対して，イエスまたはノーの立場から，周囲が納得するような説明を加えなければなりません。

①順番が回ってきた人は「問題カード」を読み上げます。
②回答者を指名します。
③指名された回答者は，自分の「イエス／ノーカード」を机によくきって伏せ，どちらか一方を引きます。
④自分の引いた「イエス／ノーカード」に従った説明を試みます。
⑤他の人たちはその説明を聞いて，イエス／ノーカードを自分の場に出します。指名された説明者が述べた意見と同じ意見の人（たとえば，イエスの立場で説明をしたとすると，イエスカードの人）が多数派なら，説明者は青座布団を一枚もらえます。特に，全員が説明者と同じ意見になった場合は，すばらしい弁論のご褒美として，金座布団をもらえます。

[5] 意地悪ルール
時計回りの順番で進行します。
①最初の人は，「問題カード」を選び，読み上げます。
②次の人は，「イエス／ノーカード」のどちらかを選びます。
③3番目の人は，読み上げられた指示（イエス，またはノー）に従い，コメントを試みます。
④他の人たちはその説明を聞いて，イエス／ノーカードを自分の場に出します。指名された説明者が述べた意見と同じ意見の人（たとえば，イエスの立場で説明をしたとすると，イエスカードの人）が多数派なら，説明者は青座布団を一枚もらえます。特に，全員が説明者と同じ意見になった場合は，すばらしい弁論のご褒美として，金座布団をもらえます。
ポイント：3番目の回答者に，困難と思われる指示（イエス／ノーカード）を与えることで，困らせることもできます。ただし，あまり，意地悪をすると，今度は自分が"しっぺがえし"を，受けるかも知れません。また，自分が意地悪したつもりでも，相手にとっては，好都合という場合もあるかも知れません。

[6] 1人遊びルール

　ランダムに引いた「問題カード」に，イエス，ノー，それぞれの立場からのコメントを試みます。

　このほか，個人戦ではなく，グループ対抗でやってみるなど，いろいろ変化をお楽しみください。

資料：クロスロード実施の手引き（市民編）　213

添付資料1

ゲームの流れ

右か左か——どうしよう……？

災害への備えをどうするか，大地震が起こったらどう対応するか。そこでは，私たちの日常生活では思いもよらないような"決断すべき場面"にたくさん遭遇するでしょう……。
クロスロードは
そんな決断の「分かれ道」を描いたゲームです。

予想……！——多数派は どっちだ?!

まず，皆の答えを予想します。

メンバーの答え（多数派）を予想し，カードをふせたまま出します……。

オープン……！

一斉にカードをオープンします。

——勝負のゆくえやいかに……？！

やった！

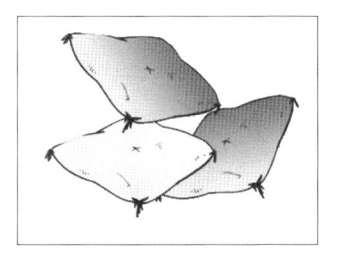

みごと，予想が的中！　座布団をゲットできました。

でも……
ゲームはココまで，さてココからは，我に帰り，自分だったらどうするか？
　　　——帰り道で考えてみてください。

資料：クロスロード実施の手引き（市民編）

Cross Note ～それぞれの視点～

添付資料2

イエス・ノーそれぞれの問題点はどこにあるのでしょうか。サンプル（1枚目）を参考に白紙（2枚目）をコピーしてご利用ください。

【問題 5009】

あなたは…
市民

大きな地震のため，避難所（小学校体育館）に避難しなければならない。しかし，家族同然の飼い犬"もも"（ゴールデンリトリーバー，メス3歳）がいる。
一緒に避難所に連れて行く？

YES（連れてゆく）の問題点
！ペットの「しつけ」が十分でない可能性も
！
！

NO（置いてゆく）の問題点
！飼い主にとってペットは家族同然
！
！

メモ

【問題 5010】

あなたは…
市民

今，大地震の被災地で，救援活動のためのボランティア保険の費用（約700円）を，被災地の自治体が払うのか，ボランティア本人が払うのかで，もめている。
自治体負担の意見に賛成する？

YES（自治体負担）の問題点
！ボランティアは自己責任が原則
！
！

NO（自己負担）の問題点
！せっかく来てくれたボランティアに対して気が引ける。
！
！

メモ

資料：クロスロード実施の手引き（市民編） 215

添付資料2

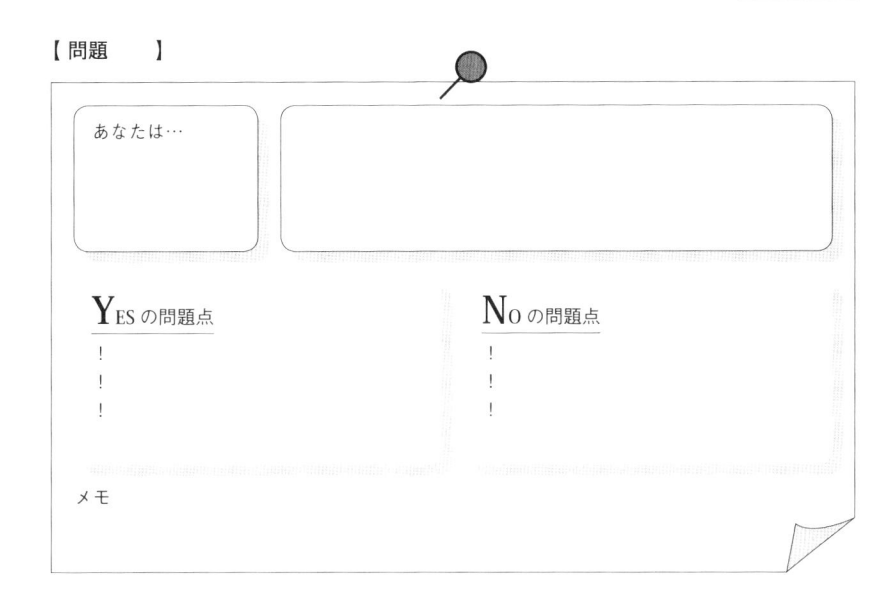

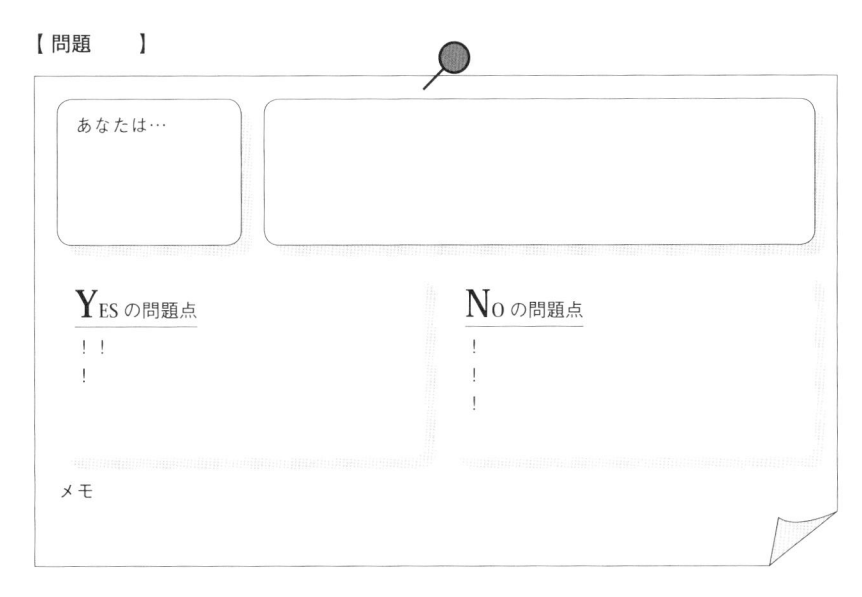

【問題　　】

あなたは…

Y_{ES} の問題点
!
!
!

N_O の問題点
!
!
!

メモ

【問題　　】

あなたは…

Y_{ES} の問題点
! !
!

N_O の問題点
!
!
!

メモ

Cross Seed ～知恵の種～

【市民編 5001】
―仕事を抱えて、余裕は少ない。

それでも、自治会に入る？

専門家としては　　　自治会に入る　　　をおすすめします。

なぜなら…
◎自治体等からの災害救援（公助）だけに頼らず，自分で（自助），地域のみんなで（共助・互助），防災に取り組むことが大切と言われています。
◎阪神・淡路大震災（1995年）では，家屋等の下敷きになったものの救助された人々の約7割以上（統計によっては9割）が，家族を含む近隣住民によるものだったことが知られています。
◎新潟県中越地震（2004年）でも，救助された人々の多くが「あらためて地域の人たちの結束力の強さを感じた」と語っています。

専門家の意見に"いやだ！"―といってみましょう。

私は、いやです。
なぜなら…

資料:クロスロード実施の手引き(市民編)　217

添付資料3

Cross Seed 〜知恵の種〜

【市民編　　　】

専門家としては　　　　　　　　　がおすすめです。
なぜなら…

専門家の意見に"いやだ!"
　　　　　　　　　　　ーといってみましょう。

私は、いやです。
なぜなら…

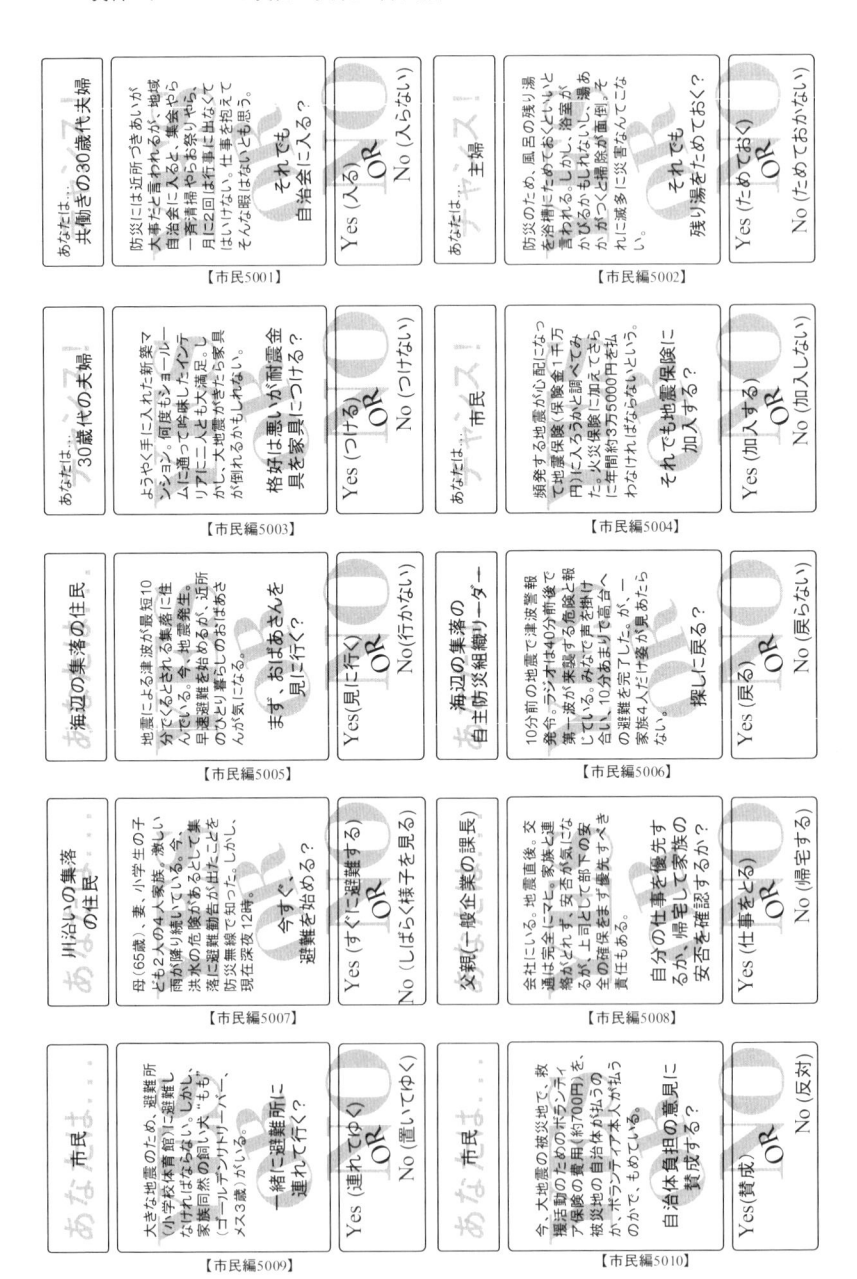

218　資料：クロスロード実施の手引き（市民編）

【市民編5001】
あなたは……
共働きの30代夫婦

防災には近所づきあいが大事といわれるが、地域の自治会に入ると、集会やら一斉清掃やらお祭りやらで月に2回は行事に出なくてはいけない。仕事を抱えてそんな暇はないかもと思う。

それでも
自治会に入る？

Yes（入る）
OR
No（入らない）

【市民編5002】
あなたは……
アブナイ主婦

防災のため、風呂の残り湯を備蓄しておきたい。しかし、浴室に入るのかもしれない場もかつ掃除が面倒くさい。それに減多に災害なんてこない。

それでも
残り湯をためておく？

Yes（ためておく）
OR
No（ためておかない）

【市民編5003】
あなたは……
30歳代の夫婦

ようやく手に入れた新築マンションに、何度も来てはコーディネーターと大満足。しかし、大地震が来たら家具が倒れるかもしれない。

格好は悪いが耐震金具を家具につける？

Yes（つける）
OR
No（つけない）

【市民編5004】
あなたは……
アブナイ市民

頻発する地震で心配になって地震保険（保険金1千万円）に入ろうと調べてみたら、火災保険に加えて加入するのに年間約3万5000円もかかるばならないらしい。

それでも地震保険に加入する？

Yes（加入する）
OR
No（加入しない）

【市民編5005】
あなたは……
海辺の集落の住民

地震による津波が最短10分でやってくるときに、集落に住んでいる。今、地震発生、早速避難を始めるが、近所のひとり暮らしのおばあさんが気になる。

まず、おばあさんを見に行く？

Yes（見に行く）
OR
No（行かない）

【市民編5006】
あなたは……
海辺の集落の自主防災組織リーダー

10分前の地震で津波警報発令。ラジオは来襲40分経過で第一波がくるまで危険を報じている。みなで避難で10分あまりが経ち合い、家族4人だけ姿が見あたらない。

探しに戻る？

Yes（戻る）
OR
No（戻らない）

【市民編5007】
あなたは……
川沿いの集落の住民

母（65歳）、妻、小学生の子ども2人の4人家族。激しい雨が降り続いている今、洪水の危険があるが、集落に避難勧告が出たことを防災無線で知った。しかし現在深夜12時。

今すぐ避難を始める？

Yes（すぐに避難する）
OR
No（しばらく様子を見る）

【市民編5008】
あなたは……
父親（一般企業の課長）

会社にいて、地震直後に交通は完全にマヒ。家族の安否は分からないが、補佐どれも、上司は部下の安全と後処理を指示し、家族のことは後でと言う。責任もある。

自分の仕事を優先するか、帰宅して家族の安否を確認するか？

Yes（仕事をとる）
OR
No（帰宅する）

【市民編5009】
あなたは市民……

大きな地震のため、避難所の小学校体育館に避難したが保険の飼い犬「モモ」（ゴールデンリトリバー、メス3歳）を、家族同然の飼っているが、避難所は動物禁止。

一緒に避難所に連れてゆく？

Yes（連れてゆく）
OR
No（置いてゆく）

【市民編5010】
あなたは市民……

今、大地震の被災地で、救援活動のためのボランティア保険の費用が大が（約1700円）を、被災地の自治体が出しているが、ボランティア5人から、自治体負担の意見に賛成するか？

Yes（賛成）
OR
No（反対）

資料：クロスロード実施の手引き（市民編）　219

【市民5011】 あなたは 人口1000人の町の住民
町の地震対策費3億円。町長候補A氏は、「阪神大震災で約9割の人が近所の人に救出された。地域づくりに使う」と主張。「建物が倒れないことが大事。個人住宅の耐震化に使う」との意見もある。A氏に投票する？
Yes（投票する）OR No（投票しない）

【市民編5012】 あなたは 高齢者
年金生活だが幸い、自宅のローンは退職金で払い終った。古い家だから息子に別居している息子は、耐震診断を勧める。しかし、費用（約10万円）は、年金暮らしの身には安くない金額。耐震診断を受ける？
Yes（受ける）OR No（受けない）

【市民編5013】 あなたは 母親
大地震後、小学校へ行っている我が子を迎えに行くが、避難中の人が our 子を理由になっているのを発見、他の人はいない。しかし、我が子も気になる。まず目の前の人を助ける？
Yes（助ける）OR No（わが子優先）

【市民編5014】 あなたは 被災者
地震で自宅は半壊状態、家族そろって避難所へ。ただ、日頃の備えが功を奏し、非常持ち出し袋には水も食料も3日分はある。一方避難所には水も食料も持たない家族多数。その前で非常持ち出し袋をあける？
Yes（あける）OR No（あけない）

【市民編5015】 あなたは 母親
「安全」との診断がおりたが避難所暮らしには、余震が続く中で夫が風邪がひどくなっているが、そのところの寒さで風邪が大流行中。幼い我が子に風邪がうつるのが心配。避難所を出て半壊状態のわが家に戻る？
Yes（戻る）OR No（戻らない）

【市民編5016】 あなたは 受験生
避難所では人手が足りず、仕事を手伝う毎日で受験勉強をするとても体力がないと感じされていると、このままでは合格できないかもしれない。避難所の手伝いをやめて勉強に専念する？
Yes（勉強に専念）OR No（手伝いを続ける）

【市民5017】 あなたは 被災者
地震から7日。避難所（小学校体育館）に避難中。電気だけは復旧しているが自宅に残れるような状況になっていないのが唯一の悩み。祖母（70歳）の体調が悪く避難所ならば24時間医師が詰めているが、自宅は医者不便。自宅に戻る？
Yes（自宅に戻る）OR No（避難所にとどまる）

【市民編5018】 あなたは 会社員（経理部長）
大量の在庫を抱えていたある商品が、震災の影響で飛ぶように売れ行きました。しかし、「だから倍値で提供しよう」と言う。火事場の会社の事情を考えると、この社長に真っ向反対できるのは、あなただけ。社長に従う？
Yes（ただで配快）OR No（商品として売る）

【市民編5019】 あなたは 被災者
大地震で身も心も疲れ果てたところへ、かつての同級生が励ましに来てくれた。なつかしく電話を交わしていると、同級生は自分がいっている宗教への入信を勧め始めた。誘いを受ける？
Yes（受ける）OR No（受けない）

【市民編5020】 あなたは ボランティア団体の代表
物資の運搬・整理、高齢者や子どもの世話など、みんなよく働いてくれている。ところが、仕事を手伝ってくれている大学生ボランティアの男女2人がいちゃついている。注意する？
Yes（注意する）OR No（注意しない）

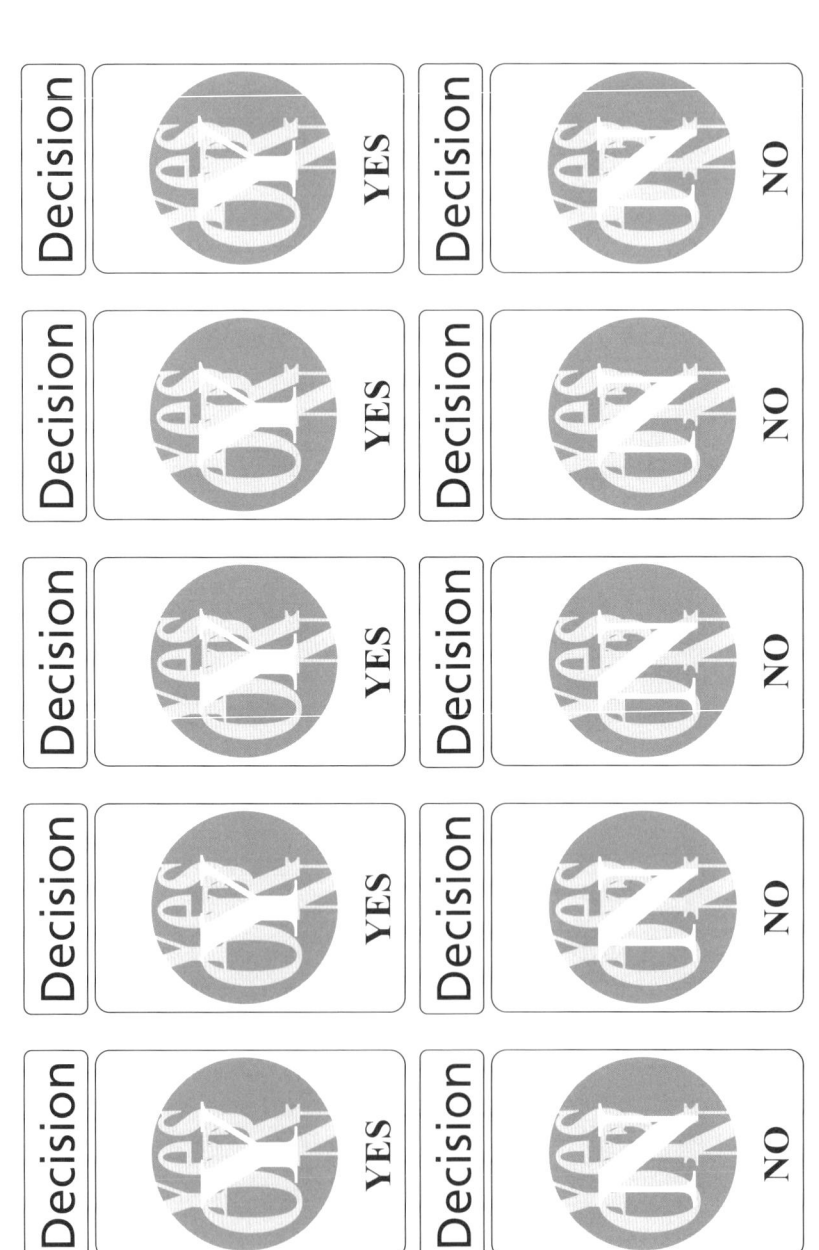

220　資料：クロスロード実施の手引き（市民編）

事項索引

あ
アイエスの理由　78
意見表明　89
意見分布　88
意思決定　182
一次対応行動　98
遺伝子組み換え原料　166
インタビュー　2
運動コントロール能力　118
運動調整　118
奥さま防災博士　120
教わる人から教える人へ　102
オリジナルジレンマ　84
終わらない対話　28

か
考え方の筋道　74
観測情報　174
机上訓練　46
帰宅困難者　137
教育におけるゲーム利用研究会　190
共助　138
共同的に学ぶ　183
議論の可視化　77
偶有性　33
具体的操作期　118
クロスシード　134
クロスロード　2
　――新聞　37, 48
　集団――　77
警戒宣言　174
形式的操作期　118
ゲーミング　28
ゲーム　2
結核　152
合意へと至る対話　28

公衆衛生　25
交通安全教育　122
神戸クロスロード研究会　54
コーディネーション運動　119

さ
SARS　151
災害時要援護者対策　142
災害そなえ隊　111
災害対応　13
災害伝言板　137
災害の教訓　56
再興感染症　25
最適解　13, 33
自己効力感　99
事実情報　15
自主防災組織　139
地震保険　140
システム情報　15
社会的隔離　151
社会的現実　102
社会的な合意　152
シャッフル・ルール　88, 89
条件の特定　82
勝敗　93
消費期限　166
賞味期限　166
食育　170
食品安全　25
　――委員会　161
食品監視員　167
食品表示　165
シリアスゲーム　15
資料共有システム　13
ジレンマ　24
進化する教材　128

新型インフルエンザ　25
新興感染症　25
真理へと至る対話　28
水平的人間関係　103
数量化III類　74
すごろく　106
スモールスケール・マイナー　16
生活防災　107
正統的周辺参加　104
制約　183
説得納得ゲーム　36, 185
前操作期　118
相互作用　101
創発　88

た
第三の解　92
大ナマジン防災すごろく　107
タイプC　89
多数派予測　89
ダックリーダー　128
地域の指導者養成講座　162
注意情報　174
中越地震　8
通電火災　107
津波警報　140
津波注意報　140
DIG　10
定型　178
伝言ダイヤル　137
問いを放つ　182
東海地震　174
　――予知判定会議　174
ドライブ理論　120
トレードオフ　3

な

NASAゲーム 96
ナラティヴ 3
新潟県中越地震 142
二次感染 168
認知発達 118
ネガティブリスト制度 167
ノーの理由 78
ノロウィルス 152

は

廃棄物ゲーム 17
ハザード 122
麻疹 155
阪神・淡路大震災 2
BSE 161
非現実的楽観主義 136
避難 134
ファシリテータ 9
——制度 13
——認定制度 48
——の集い 37, 51
——養成講座 48
不可視的可視化 89
付箋紙 78
フレームゲーム 178
ぼうさい駅伝 113
防災教育 96
放射線照射食品 166
防犯教育 122
ボードゲーム 93
ポジティブリスト制度 167
ボランティア保険 138

ま

見かけ上の正解 92
未来を語る言語 191
問題解決 182
「問題」の可視化 187
問題の構造 15, 26, 186
問題発見 182

や

優勢反応 120
予知情報 174

ら

リスク 34
——・コミュニケーション 28
——認知 162
——評価 161
——分析 25
理想の解決 82
レジオネラ症 152

人名索引

A
網代　剛　2, 36
東根明人　119

B
Bandura, A.　99

C
Caillois, R.　21
Csikszentmihalyi, M.　21

D
Duke, R. D.　191

F
Flynn, J.　162

H
蜂屋良彦　36
原科幸彦　31
林　国夫　126

I
今西剛也　64
石田繁美　118

K
河田惠昭　136
川喜田二郎　20, 31
吉川肇子　2, 15, 17, 36, 104, 113, 124, 126, 162
Kiyosaki, R. T.　100, 101
小林傳司　31
小松丈晃　38
小村隆史　42, 64
小柳優里　254
黒瀬琢也　158

L
Lave, J.　104
Lechter, S.　100, 101
Lewin, K.　30
Lomax, G. P.　162
Luhmann, N.　34, 42

M
増川宏一　106
Meyer, T.　14, 16, 19, 22, 103, 125, 128

N
Nakamura, M.　46
中野崇司　19, 174
新山陽子　161

O
岡田晴恵　150
大澤真幸　33
Otway, H.　162

P
Piaget, J.　118
Powell, D.　161
Prensky, M.　15

S
Scammon, R. E.　119
Stiehl, S.　14, 16, 19, 22, 128
須知雅史　150, 156
杉原　隆　118
杉浦淳吉　36, 103, 185
鈴木清史　17

T
高橋　洋　42, 64
田代眞人　150

Thiagarajan, S.　17

U
内村秀之　158

W
Weinstein, N. D.　136
Wenger, E.　104
Wynne, B.　162

Y
山田友紀子　161
矢守克也　2, 3, 13, 19, 21, 33, 36, 41, 46, 47, 80, 106, 107, 118, 122, 138, 182, 188
柳原　光　29, 31

Z
Zajonc, R. B.　120

【著者紹介】
吉川肇子（きっかわ　としこ）
1988 年　京都大学大学院文学研究科博士後期課程単位取得退学
現在，慶應義塾大学商学部教授
主著『リスク・コミュニケーション』福村出版，『リスクとつきあう』有斐閣，『防災ゲームで学ぶリスク・コミュニケーション』（共著）ナカニシヤ出版，『リスク学入門（4）』（分担執筆）岩波書店　他

矢守克也（やもり　かつや）
1988 年　大阪大学大学院人間科学研究科博士後期課程単位取得退学
現在，京都大学防災研究所巨大災害研究センター教授
主著『〈生活防災〉のすすめ―防災心理学研究ノート』ナカニシヤ出版，『防災人間科学』東京大学出版会，『防災ゲームで学ぶリスク・コミュニケーション』（共著）ナカニシヤ出版，『夢みる防災教育』（共著）晃洋書房　他

杉浦淳吉（すぎうら　じゅんきち）
1998 年　名古屋大学大学院文学研究科博士後期課程単位取得退学
現在，慶應義塾大学文学部教授
主著『環境配慮の社会心理学』ナカニシヤ出版，『質的心理学の方法　語りをきく』（分担執筆）新曜社，『心理学方法論』（分担執筆）朝倉書店，『環境行動の社会心理学』（分担執筆）北大路書房　他

クロスロード・ネクスト
　　続：ゲームで学ぶリスク・コミュニケーション

2009 年 7 月 1 日　初版第 1 刷発行　　定価はカヴァーに
2021 年 1 月 24 日　初版第 7 刷発行　　表示してあります

　　　　著　者　吉川肇子
　　　　　　　　矢守克也
　　　　　　　　杉浦淳吉
　　　　発行者　中西　良
　　　　発行所　株式会社ナカニシヤ出版
　　　〒606-8161　京都市左京区一乗寺木ノ本町 15 番地
　　　　　　　　　　Telephone　075-723-0111
　　　　　　　　　　Facsimile　075-723-0095
　　　　Website http://www.nakanishiya.co.jp/
　　　　E-mail　　iihon-ippai@nakanishiya.co.jp
　　　　　　　　郵便振替　01030-0-13128

装幀＝白沢　正／印刷・製本＝ファインワークス
Copyright © 2009 by T. Kikkawa, K. Yamori & J. Sugiura
Printed in Japan.
ISBN978-4-7795-0304-7

◎本書のコピー，スキャン，デジタル化等の無断複製は著作権法上での例外を除き禁じられています。本書を代行業者等の第三者に依頼してスキャンやデジタル化することは，たとえ個人や家庭内での利用であっても著作権法上認められておりません。